小さな
暮らし
生きやすい

おふみ

大和書房

はじめに

ものに振りまわされない暮らしへ

はじめまして
おふみと申します
元会社員で
3年前に独立した
整理収納アドバイザー1級の
イラストレーターです
元々「捨てる」という発想が
ない程のマキシマリストでした
この服要る？
要る！
そんな私が「小さな暮らし」
をするようになったのは
「運の悪いこと」が
続いたことが
きっかけでした
2014年当時、
二人暮らしで
78㎡という広々一軒家に
住んでいましたが…
中庭つきで
月6万円
でした。
田舎の築古
だったので…
ものはあればあるほど
豊かだと思っていて
買ったりもらったりして
どんどんものが増えていき…
気付けば
ものを戻す場所もないほど
ものがあふれていました

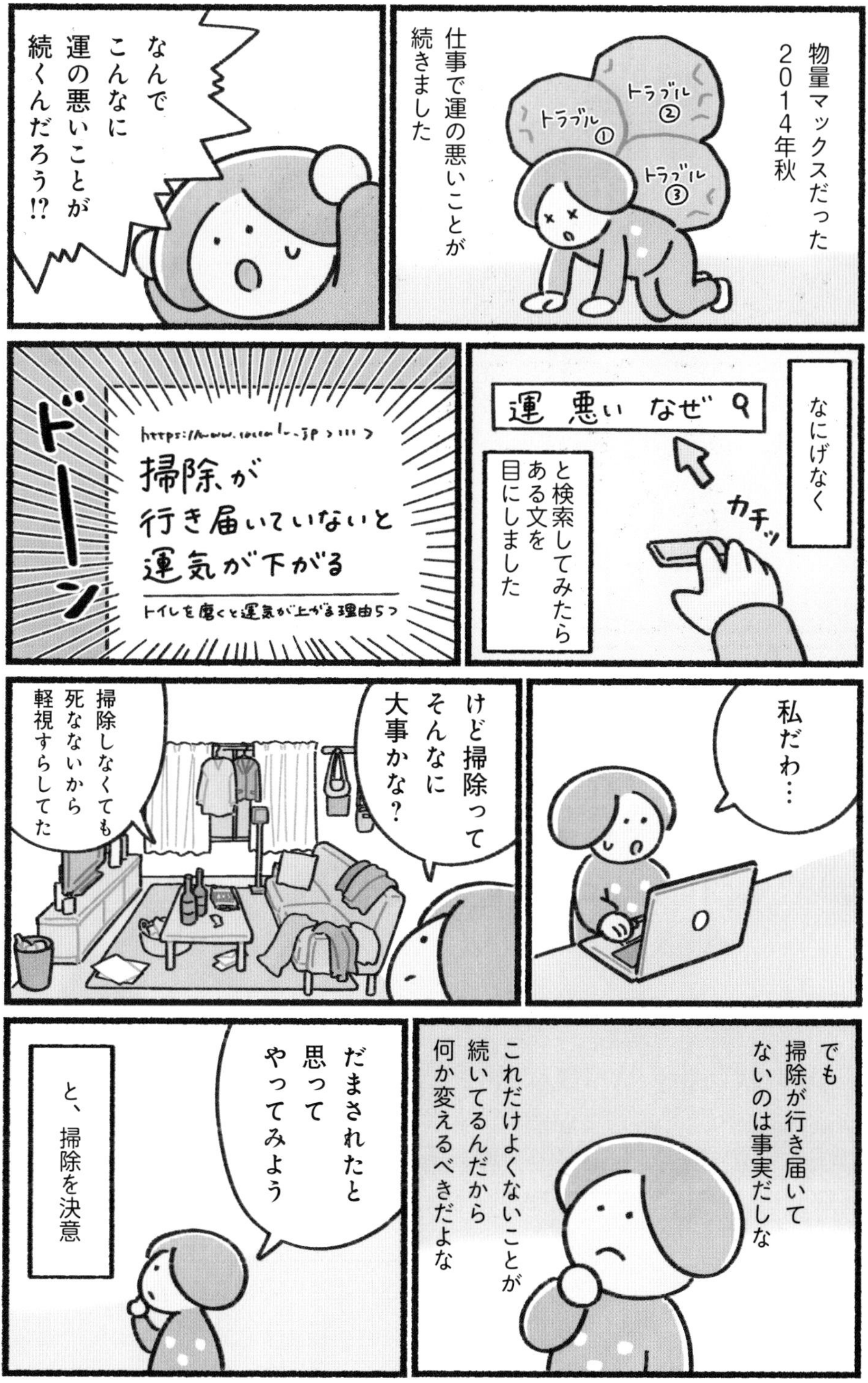

物量マックスだった
2014年秋
トラブル①
トラブル②
トラブル③
仕事で運の悪いことが続きました
なんでこんなに運の悪いことが続くんだろう!?
なにげなく
運 悪い なぜ
カチッ
と検索してみたらある文を目にしました
ドーン
掃除が行き届いていないと運気が下がる
トイレを磨くと運気が上がる理由5つ
私だわ…
けど掃除ってそんなに大事かな?
掃除しなくても死なないから軽視すらしてた
でも掃除が行き届いてないのは事実だしな
これだけよくないことが続いてるんだから何か変えるべきだよな
だまされたと思ってやってみよう
と、掃除を決意

試しに
だまされたと思って
毎朝トイレ掃除を
してみることに
ピカピカに磨いたるで〜っ
トイレ掃除を続けていた
3日目の朝のこと…
プルル
ハイ
ガチャッ
〇〇の件
ですね
えっ!?
解決
された…!?
はい!
ありがとう
ございます
…
ガチャ
すごい…
トラブルに
なりかけていた
案件が解決したのです
これは効果
あるのかも
と思い他の場所も
掃除することに
すると心の変化が
掃除すると
その場所が
ちょっと好きに
なるな
掃除すると
空間のニオイが変わり
不思議とその場が
光って見えるように
安心できる好きな空間に
変わりました
掃除すればするほど
安心できる空間が
増えていきます
安心して
過ごせる
「陣地」を
広げていく
感覚を
覚えました
キッチン
トイレ

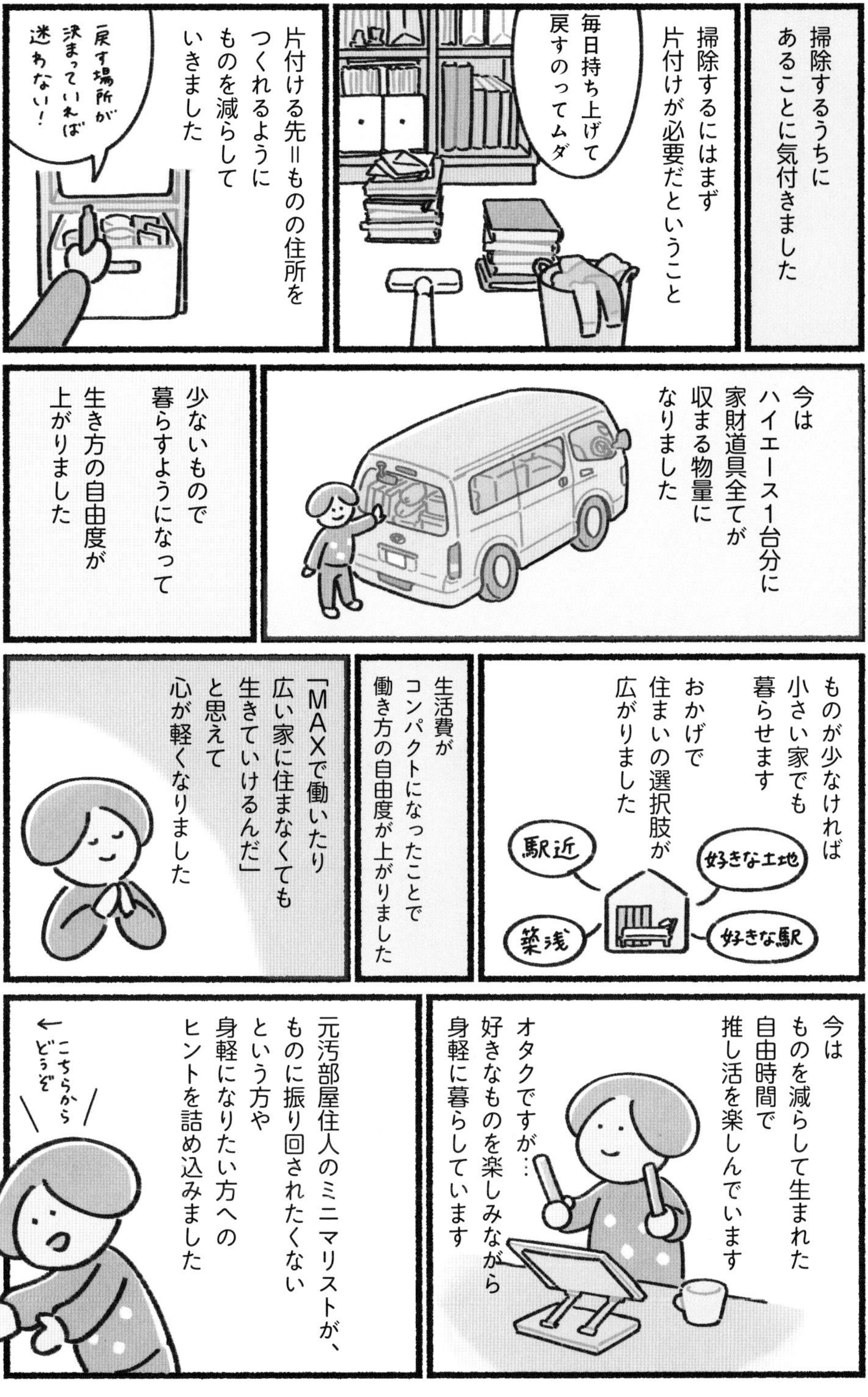
掃除するうちに
あることに気付きました
掃除するにはまず
片付けが必要だということ
毎日持ち上げて
戻すのってムダ
片付ける先＝ものの住所を
つくれるように
ものを減らして
いきました
戻す場所が
決まっていれば
迷わない！
今は
ハイエース1台分に
家財道具全てが
収まる物量に
なりました
少ないもので
暮らすようになって
生き方の自由度が
上がりました
ものが少なければ
小さい家でも
暮らせます
おかげで
住まいの選択肢が
広がりました
駅近
好きな土地
築浅
好きな駅
生活費が
コンパクトになったことで
働き方の自由度が上がりました
「MAXで働いたり
広い家に住まなくても
生きていけるんだ」
と思えて
心が軽くなりました
今は
ものを減らして生まれた
自由時間で
推し活を楽しんでいます
オタクですが…
好きなものを楽しみながら
身軽に暮らしています
元汚部屋住人のミニマリストが、
ものに振り回されたくない
という方や
身軽になりたい方への
ヒントを詰め込みました
← こちらから どうぞ

Contents

3章 「好きなもの」も大事にしたい

4章 すっきりが続くルールづくり

5章 未来につながる小さな暮らし

1章

小さな暮らし、いいことたくさん

小さな暮らしで毎日が変わる

さらば探しもの

ものを減らしたことで
派生的に
いいことがありました
ものの住所を決められたので「探しものをする」時間がなくなりました
ハサミどこ?!
わからんっ
こっちは今日着る服を探すので忙しい
探しものがなくなったので同じものをいくつも買うということがなくなり節約に
冠婚葬祭の度に増えていっていた筆ペンたち!!
住所を決めれば探さなくて済む!!
家事がすぐに終わるからハードルが下がって家事が嫌いじゃなくなりました
床にものがなければ掃除機かけも5分で終わる!
家事の時間を短縮して自由時間がつくれました
睡眠
仕事
家事
自由時間
特に会社員をしながら本と連載の執筆をしていた頃はとにかく時間がなかったけれど家事の時短で時間を捻出できていました
極限だったけど乗り切れたのは時間をつくれていたから

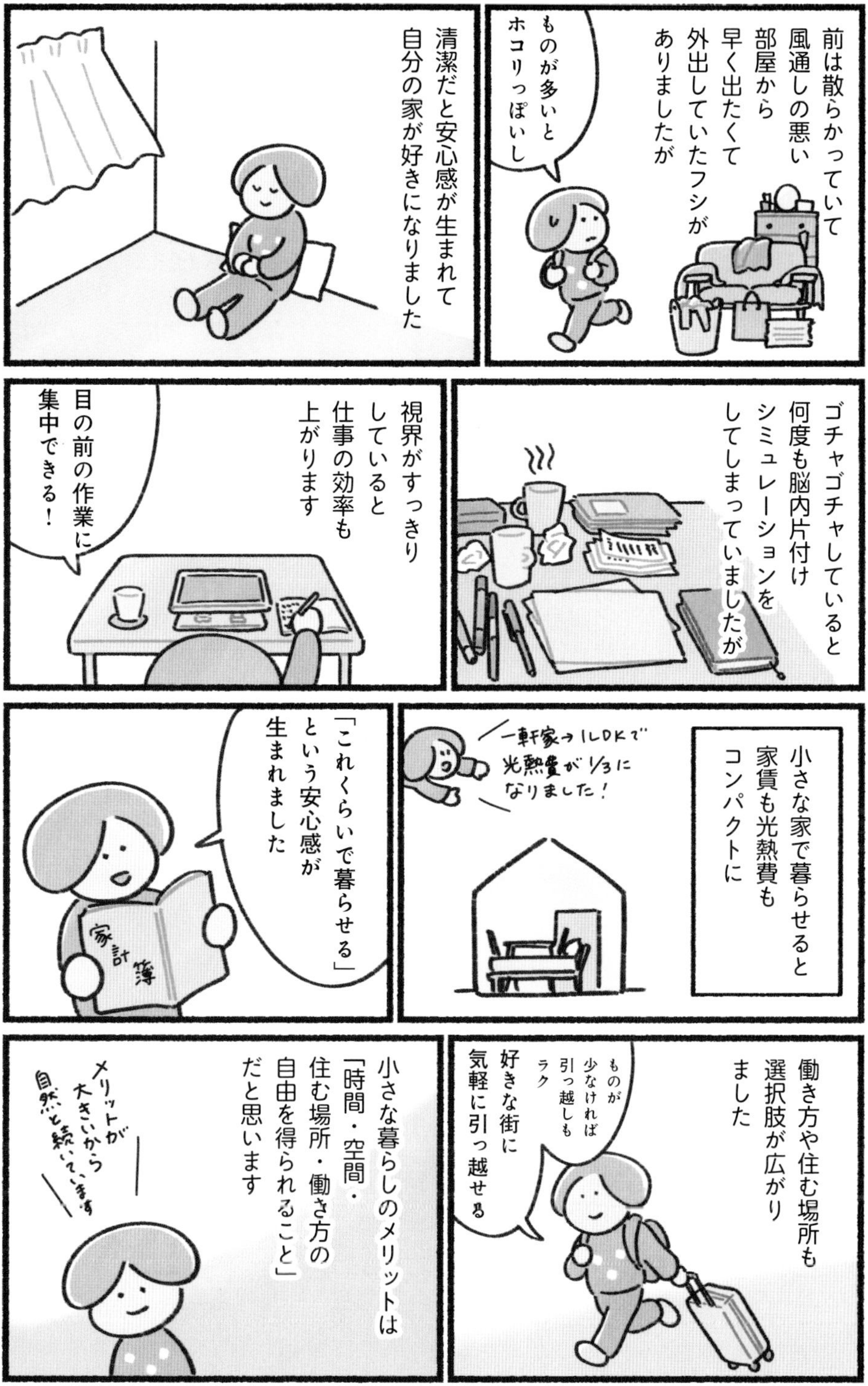
前は散らかっていて
風通しの悪い
部屋から
早く出たくて
外出していたフシが
ありましたが
ものが多いと
ホコリっぽいし
清潔だと安心感が生まれて
自分の家が好きになりました
ゴチャゴチャしていると
何度も脳内片付け
シミュレーションを
してしまっていましたが
視界がすっきり
していると
仕事の効率も
上がります
目の前の作業に
集中できる!
小さな家で暮らせると
家賃も光熱費も
コンパクトに
一軒家→1LDKで
光熱費が1/3に
なりました!
「これくらいで暮らせる」
という安心感が
生まれました
家計簿
働き方や住む場所も
選択肢が広がり
ました
ものが
少なければ
引っ越しも
ラク
好きな街に
気軽に引っ越せる
小さな暮らしのメリットは
「時間・空間・
住む場所・働き方の
自由を得られること」
だと思います
メリットが
大きいから
自然と続いています

小さな暮らしと時間

ものが休日を億劫にしていた

ものが多かった頃、ほとんどの休日を無駄遣いしている感覚がありました。本当は、朝にさっと家事を終えてから、やりたいことがありました。カメラを持って街歩きに出る、あるいは季節の花を見に行ったり、喫茶店で本を読みふけったりしたい。しかしこの「朝さっと家事を終えて」の部分に随分捉われていました。溜まった家事という「やるべきこと」をこなしてからでないと、出かけたり遊んだりしてはいけないと思っていたのです。しかし積み上がった家事が膨大なので、ソファで横になって「あとでやろう」と思って先延ばしにしていました。家事をやらなければというストレスを感じてソファから動けないまま、気付けば夕方。「今日も何もできなかった。さっと家

家事を楽にする工夫
同じ家事でも断然朝やった方が楽しくやれるとわかって出社前の30分程を家事にあてていました。ほとんどの家事が平日朝に終わる。
休日を楽しむ工夫
気になっていたイベントを見送らなくて済むように、1年分のカレンダーを壁に貼ったりしていました。
会社がシフト制だったので、事前にイベントを把握してると休みを申請しておける。
さっと家事を終えて出かけられるようになった!

ものが多かった頃の休日
せっかくの休日、何しよう?
カメラ?
カフェ?
でも遊ぶ前に積み上がった家事を終えなければ…
あとでやろう
ちょっと休憩…
ポスン
そうこうしてる間に
数時間経過…
キーンコーン
6時のチャイムっ
「今日もまた何もできなかった」のくり返しでした。

事を終わらせていればやりたいことができた。家に居るにしても、読書なりすればよかった」と落ち込みました。進んで「今日は家でゆっくり過ごす」と決めていたならまだしも、本当は外に出かけて何かをしたいと考えていたのに、「また今日も何もできなかった」という思いを抱くのは虚しいものです。休日に好きなことすらできないのかと、自己肯定感が下がっていく心地がしました。ものを減らしたことで、フットワークが軽くなりました。朝15分もあれば家事が終わるから、さっと取り掛かってすぐに終わらせて出かけられます。やりたいと思ったことを行動に移して、休日を過ごせるようになりました。

小さな暮らしとお金

安心感が増え、視界が開けた

小さく暮らすことでお金への不安が軽くなりました。以前、78㎡の借家の一軒家に住んでいた頃、豊富な収納があるのをいいことに、ものが無尽蔵に増えていきました。ものを収めるために家も大きくなければならず、光熱費などの生活コストが高くつきました。

当時の家は築年数が古かったので家賃については比較的安かったのですが、もし今後引っ越す場合、この物量とともに生きていくなら今より高い家賃が必要だし、ものが増えていくならもっと大きな家に住まなければならない。そうなると夫婦が正社員でフルに働いて

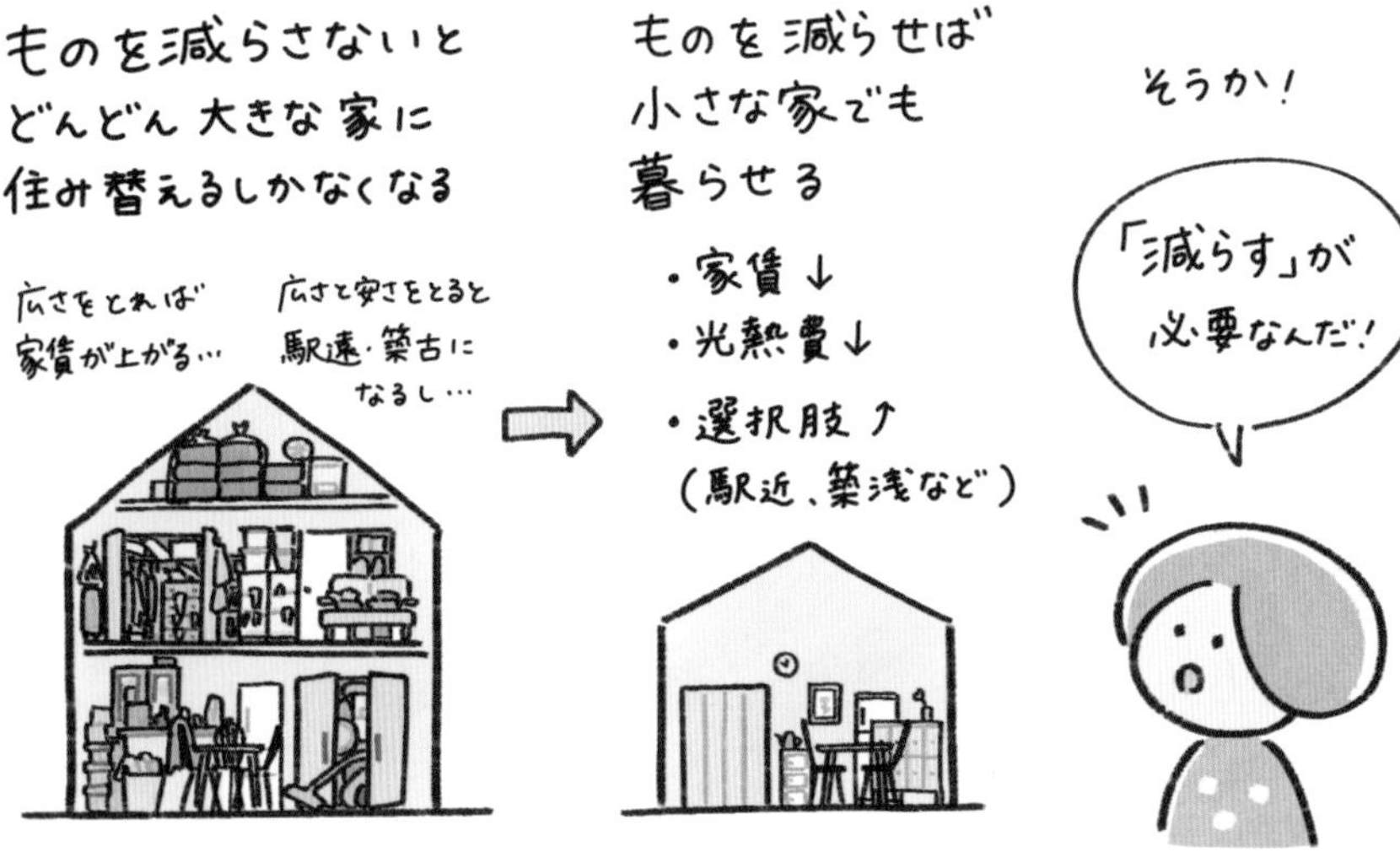
ものを減らさないと
どんどん大きな家に
住み替えるしかなくなる
広さをとれば
家賃が上がる…
広さと安さをとると
駅遠・築古に
なるし…
ものを減らせば
小さな家でも
暮らせる
・家賃↓
・光熱費↓
・選択肢↑
(駅近、築浅など)
そうか!
「減らす」が
必要なんだ!

お金の使い方への意識が変わった。
例えばボーナスが近くなると…
Before
After
何を買おうかな？
何に投資しよう？
家電
アクセ
バッグ
浪費メンタル
投資メンタル

いかないと生活が回らない、という不安がありました。

　ものを減らしてみたら、必要な面積が小さくて済み、家賃がぐっと安くなりました。面積が小さければ住まいの選択肢が増えて、駅近の物件も選べるようになりました。月々にかかる生活費がコンパクトになると、好きな働き方をしてもいいという安心感を得て、視界が開けました。また、以前はボーナス前になると「何を買おう？」と考える浪費思考でしたが、今は「何に投資しよう？」と考える投資思考になりました。以前はものが必要だから買うというより、買い物したいから買うという感覚だったのかもしれません。自分に必要なものだけあればいいと考えるようになり、無駄なものを買わなくなり節約になっています。

　一方、「コト」つまり体験への支出は増えました。生活費がコンパクトになることで、好きなことにリソースを振り分けられるので、やりたいことの背中を押してくれています。

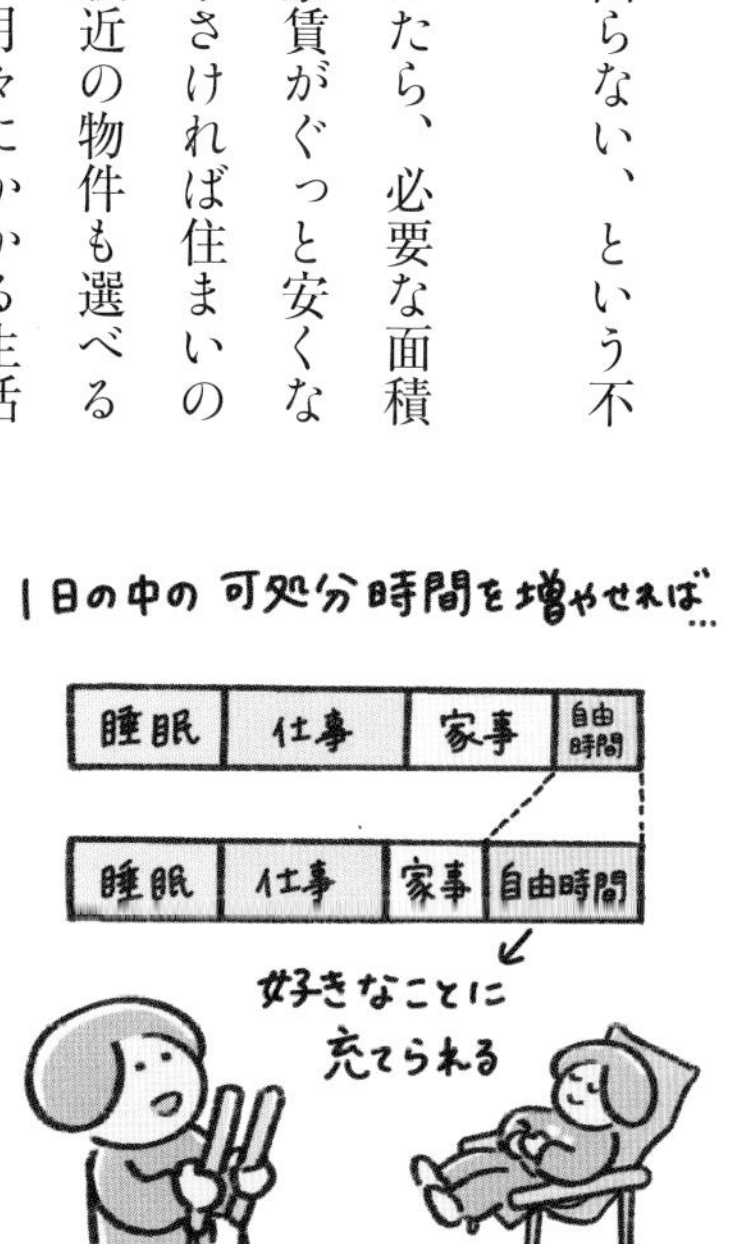
1日の中の可処分時間を増やせれば…
睡眠
仕事
家事
自由時間
睡眠
仕事
家事
自由時間
好きなことに
充てられる

小さな暮らしとメンタル

自分の思い込みから解放された

以前住んでいた雪深い田舎では、休日にふらっと映画に行く、気になる展覧会をのぞいてみるといった、実家の京都にいた頃は当たり前にできたことができずにフラストレーションが溜まっていきました。するとおのずと休日に県外に遊びに行くようになり、その旅費が家計の多くを占めるようになりました。それならば、自分に合う好きな土地で暮らした方がいいと気付いたのです。これはもちろん、土地との相性があるので都会がいい・田舎が悪いという話ではありません。ものを減らして生活費を小さくできるようになったことで以前よりフレキシブルな働き方も選べると思いました。身軽であれば、働き方や住み方の選択肢も広がる――「職業選択の自由、居住移転の自由」に気付き、人生の選択肢が増えました。

海のそばにも住んでみたいし(鎌倉に住みたい)
京都はやっぱり住みよいし、東京の文化資本への
アクセスしやすさも
すばらしい〜…
じゃ、好きな時に
好きな土地に住む
のがいいのでは?!
と思った。
自分にも
「居住移転の自由」
「職業選択の自由」が
あることに気付いた。

また、暮らしを小さくして部屋に掃除の手が回るようになったことの効能もありました。掃除することで、家の中に「安心できる自分の陣地」を増やしていけると知ったのです。例えば、トイレの壁。以前は掃除が行き届いていないという意識があったので、用を足す時に壁に手が触れるのが嫌でしょうがありませんでした。ですが、毎朝トイレ掃除をするようになると、掃除した場所で過ごすことに安心感を覚えました。しっかり掃除したという意識があるからです。これまで敵陣のように感じていた場所が、安心できる自分の陣地になったような気がしました。この安心できる場所を増やすことで家にいる時間がずっと好きになりました。

毎朝トイレ掃除をするようになって「トイレに対する不快感」が減ってきたことに気付きました。
壁に触れても不快じゃない
=毎日掃除してるから安心感がある
オセロがひっくり返って敵陣が自陣になったような感覚です。
この手で掃除すればする程安心できる陣地を広げていけると気付きました。

小さな暮らしと家事

一番嫌いな家事が一番好きに

何回取りかかっても「別にしんどくない」と思える作業量にできると人生が楽に。
最近は洗濯物は友人と通話をつないでおしゃべりしつつか、好きなラジオを聞きながら畳むことにしています。
「楽しみ」と組み合わせるのは効果大！家事がいつの間にか終わっています。

家事って好きですか？　以前の私は家事が嫌いでした。洗濯も洗い物もやってもやってもまた積み上がっていき、終わりがありません。極力家事の時間を減らして好きなことなり仕事なりにリソースを割きたいと考えていたものの、ものを減らすという発想がなかったので家事の労力がどんどん肥大化していました。

ものが少なくなった今、家事にかかる労力を小さくでき、その上「家事もそう嫌いじゃない、割と好きかも」と思えるくらいになりました。家事は毎日繰り返していく必要があるので、何回取り掛かっても「別にしんどくない」と思える作業量にできると楽になります。

例えば食器がたくさんあると、新しいお皿を出せばいいので洗い物を先延ばしにできます。その分、溜まった洗い物の量は半端でなく、そこまで積み上がると取り掛かるときのハードルが高くなります。食器の総数が減るとこまめに洗わざるをえ

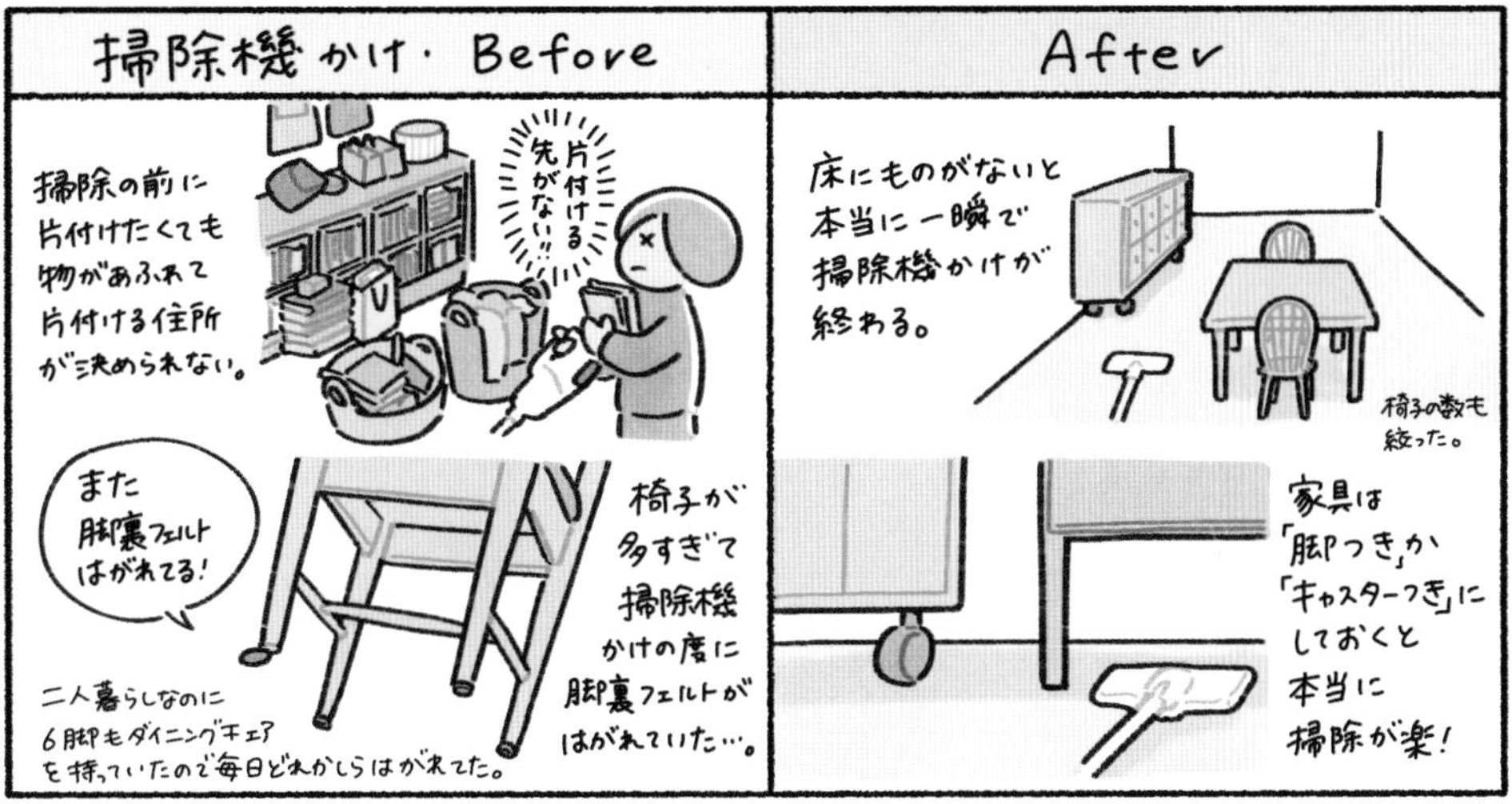
掃除機かけ・Before
After
掃除の前に片付けたくても物があふれて片付ける住所が決められない。

片付ける先がない!!

また脚裏フェルトはがれてる!

椅子が多すぎて掃除機かけの度に脚裏フェルトがはがれていた…。

二人暮らしなのに6脚もダイニングチェアを持っていたので毎日どれかしらはがれてた。

床にものがないと本当に一瞬で掃除機かけが終わる。

椅子の数も絞った。

家具は「脚つき」か「キャスターつき」にしておくと本当に掃除が楽!


ないので、洗い物の頻度は上がるけれど、1回の作業量は小さくなります。お皿を2枚だけ洗うのなら、さっと取りかかれると思いませんか？　1回の家事にかかる時間が短ければ、案外気楽に気軽に取りかかれることに気付きました。他の家事も同様で、服の数が少なければ洗濯も服の管理も楽になります。

また、一番嫌いだった家事が、好きに変わるという経験もしました。二階建ての一軒家でものを溜め込んでいた頃は掃除機がけが何より嫌いな家事でした。二人暮らしなのに6脚も持っていたダイニングチェアに加えイージーチェアやソファを動かしては戻して掃除機をかけ、それだけ脚があるとどこかしらの脚裏フェルトが剥がれていて、貼り直しが必要になります。これがとても面倒でした。

以前は30分くらいかけないと終わらなかった作業が、ものが減り部屋の面積が小さくなった今では2～3分あれば終わります。簡単な上、部屋が綺麗になるという達成感があるので、今では掃除機かけが一番好きな家事に変わりました。それくらい、ものが少ないということは家事を楽にしてくれます。

小さな暮らしと変化

不測の事態に対応しやすい

　コロナで変わったことはいくつもありますが、我が家では買い物の仕方と食料品備蓄の仕方が大きく変わりました。以前は近所のスーパーを自宅の冷蔵庫の延長だと考えていました。冷蔵庫の中身は最小限にしておいて、必要なものを必要な分買いに行けばいいと考えていました。しかし、コロナで買い物の頻度を下げる必要が出てきて、その分1回の買い物の量が増えました。1回目の緊急事態宣言の際は生活必需品の買い占めも起こっていたので、食料品も品薄になるかもしれないと不安を感じていました。最小限の冷蔵庫生

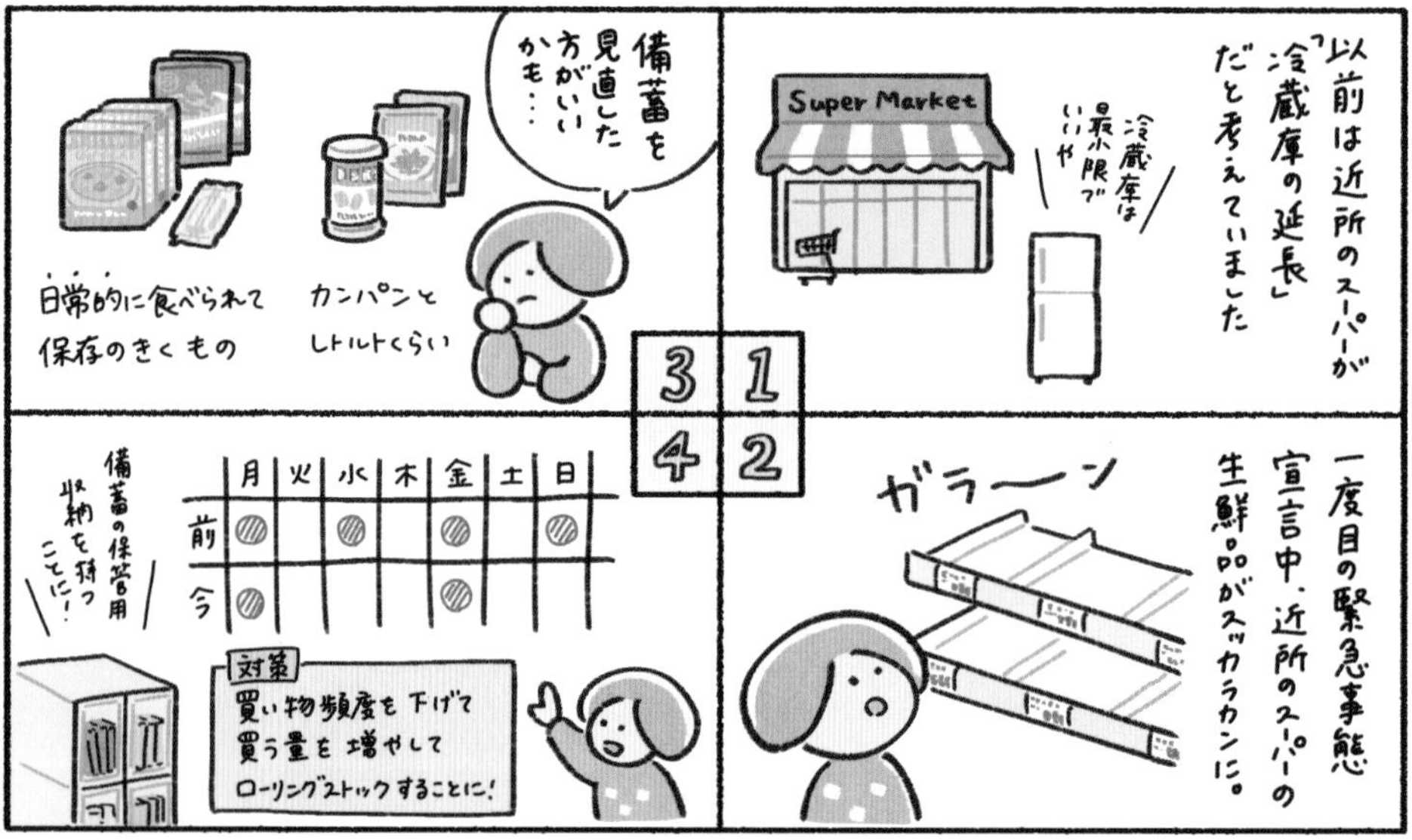
1
以前は近所のスーパーが「冷蔵庫の延長」だと考えていました
Super Market
冷蔵庫は最小限でいいや
2
一度目の緊急事態宣言中、近所のスーパーの生鮮品がスッカラカンに。
ガラ〜ン
3
備蓄を見直した方がいいかも…
日常的に食べられて保存のきくもの
カンパンとレトルトくらい
4
備蓄の保管用収納を持つことに!
月 火 水 木 金 土 日
前
今
対策
買い物頻度を下げて買う量を増やしてローリングストックすることに!

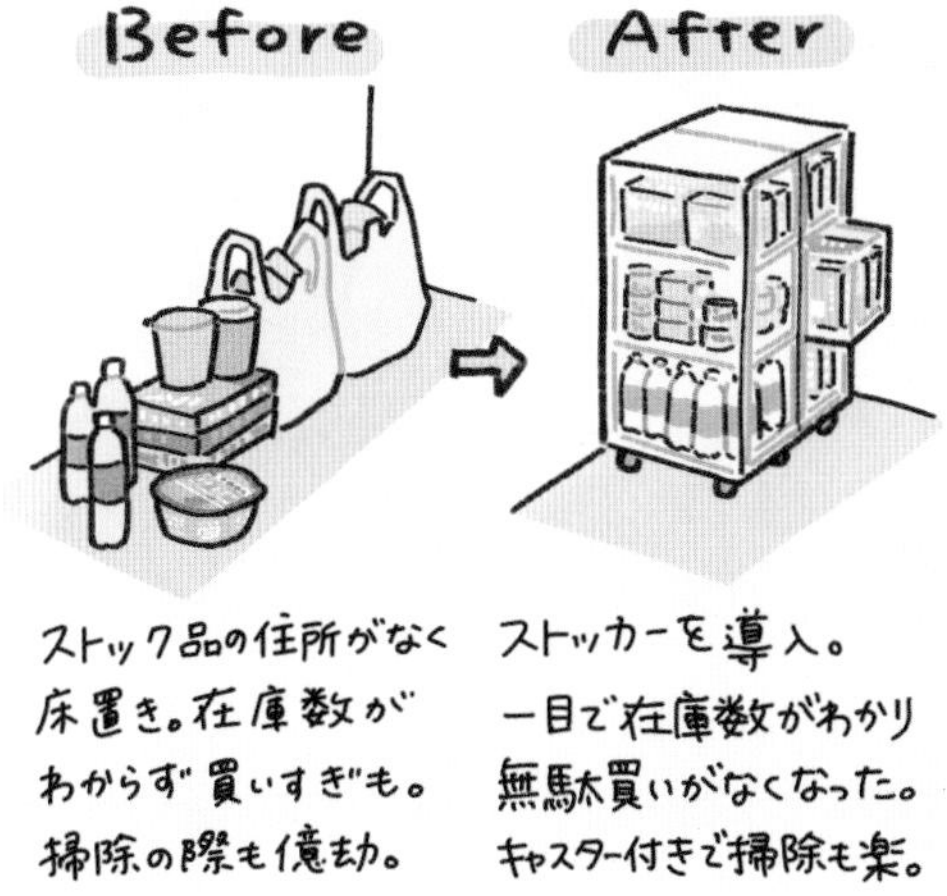
Before
After
ストック品の住所がなく
床置き。在庫数が
わからず買いすぎも。
掃除の際も億劫。
ストッカーを導入。
一目で在庫数がわかり
無駄買いがなくなった。
キャスター付きで掃除も楽。

活は、安定した物流の上に成立しているものでした。それ以前の食料品備蓄は、乾パンやレトルト食品を少しだけ持ち、防災リュックに入れておくというスタイルでしたが、もし買い占めで食料品が品薄になってもしばらく耐えられるように、家族の人数×1週間くらいの量を備蓄しておくことは防災上も良いと考えました。そこで、ストックしながら日々消費する「ローリングストック」に切り替え、保存のきく袋麺やパスタ、缶詰などを常備するようになりました。

また、ものを少なく保つことで部屋を清潔に保ちやすいというメリットがあります。部屋の表に出ているものが少ないと、人の手の触れる場所を拭き掃除する際にも手間が少なく済み、除菌しやすいです。

部屋にものが少ないと怪我の原因を減らせて防災上も安心です。身を守ってくれるものはしっかり持ちながら、身の安全を脅かす可能性のあるものを減らすことは、生き延びる確率を上げてくれるはずです。

ものが多いと掃除の意欲が下がる
どこから手をつければ…
ものが少ないと清潔に保ちやすい

他にもあったいいこと

LIST

- □目の前の作業に集中できるようになった
- □「探し物の時間」がまるごとなくなった
- □不快を見つけるセンサーが育った
- □買い物で悩まなくなった
- □自分の好きがわかるようになった
- □家にいる時間が好きになった
- □心の余裕ができた
- □家族との喧嘩が減った

etc...

ものが多かった頃は本当に自分に合うかどうかを厳選せずに買っていたので、なにかしら不快感があってもそれが当たり前だと思っていました。不要なものを捨てる際に買い物の失敗を振り返ることで、買い物の成功率が上がっていきました。

2章

減らして暮らしを小さくする

１日１つから捨てる

まずは習慣化を大事に

こんにちは
物を減らし始めた
2014年のおふみです
理想のイメージも
湧いてるし
人生の
停滞感も
あって
早く
身軽に
なりたい！
でも
ものが膨大で
道のりが果てしない
減らしても
減らしても
まだ多い…
っていうか
何から手をつけて
いいかわからない
途方に
暮れてる
感覚、
わかる！
片付け始めて
半年くらい
悶々としてた
そうなの？
2021年から来たおふみ→
そういう方
多いと思います
気長に
いきましょう
コツコツが大事です

片付けはダイエットに似ていると思っています
物
食べ物
体と部屋って似てるんですよね
体重
物量
例えば「一ヶ月で何キロも落とすダイエット」
いくらやせられても健康を害したり
あとからリバウンドすることが予想できますよね
片付けも同じでリバウンドしないためには習慣が大事
食事の見直しや
運動の習慣づけが大事なように
自然と片付く意識づけや行動の習慣づけが必要です
衝動買いしない
定期的に減らす
定期的に戻す
一日一つでも手放せば
一年後には365個分身軽になっています
捨てたものメモ
おおっ
身軽な暮らしへの道のりは短くないけれど行動すれば確実に理想に近づいていけます
コツコツ継続の力を信じて進んでいこう！
うん

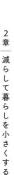

片付けを分解する

“減らす”と“戻す”の両輪を回そう

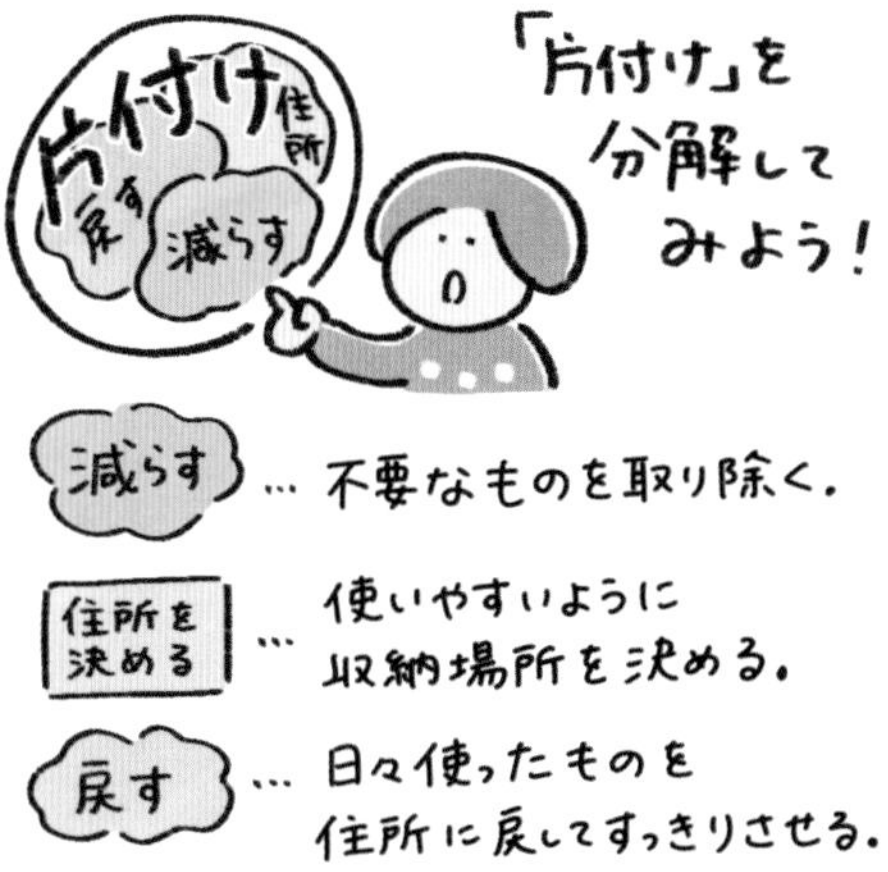
「片付け」を
分解して
みよう！
片付け
住所
戻す
減らす
減らす … 不要なものを取り除く。
住所を決める … 使いやすいように収納場所を決める。
戻す … 日々使ったものを住所に戻してすっきりさせる。

部屋をすっきりさせるために何から手をつけていいかわからないなら、まずは取り掛かりやすいサイズに分解してみることをおすすめします。それが途方に暮れないで片付けを続けるための一番の近道です。片付けと一言で言ってもいろんな工程があります。散らかった状態をすっきりさせるための工程を考えてみましょう。

①減らす＝不要なものを取り除いて減らす
②住所を決める＝使いやすいように収納場所を決める
③戻す＝日々生活して散乱したものを住所にしまってすっきりした状態に戻す

という流れになります。そして、生活していると自然とものは増えていくので、定期的に減らして物量コントロールをする必要があります。意識しないでいると、「持っていることを忘れていたもの」が増えていきます。

昨年一軍だった服が今年は二軍落ちしていたりするように、ものと自分の関係は

"減らす"と"戻す"は
取り組む頻度が異なる！
両輪回していく
イメージです
生活していると必ず
ものは増えるので
増えた分減らす。
☑週1や月1など
タイミングを
決める。
使ったものを
所定の位置に
戻すのは、
☑朝と夜の
1日2回など
「減らす」に比べて
高い頻度で。
減らす
戻す

移り変わっていくので、気づけば不要なものが増えていくのです。これを意識して取り除くようにします。毎日とまではいかずとも、週一や月一など頻度を決めて持ち物を検分して減らすようにしましょう。

そして、同じく重要なのが〝戻す〟こと。定位置に戻していないことで持っているかどうかがわからなくなり、同じものをまた買ってしまうという状況が発生してしまいます。ものを増やさないためにも〝戻す〟は意識しましょう。〝戻す〟は〝減らす〟より高い頻度で行う必要があります。就寝前や朝など時間を決めて、ものを住所に戻すリセットタイムを設けるのがおすすめです。

減らすだけでも、戻すだけでも足りません。減らすと戻すの両輪を回していく、これを習慣にできれば、すっきりした状態を保つことができます。

ものを減らして必要なものだけにできたら、使いやすいようにものの住所を決めましょう。使用頻度の高いものを取り出しにくい場所にしまっていると戻すのが億劫になって散らかってしまいます。取り出しやすく戻しやすくするために、使用頻度や使用目的別に住所を決めていきましょう。

ものを4つに分類してみよう

収納を圧迫しているものが見つかる

不要なものを整理するための分類法をお伝えします。これは整理収納アドバイザーの勉強をした際に学んだ分類を、自分がものの整理で使いやすいようにアレンジしたものです。まず引き出し一段分など小さく区切り、中身を全て出して以下の4つに分類します。

①1週間以内に使ったもの
②今後使う予定があるもの
③持っているのを忘れていたもの
④壊れているもの・今後使う予定のないもの

試しに服に当てはめて考えてみると①はすぐにわかりますね。②は、今後使う場面があると予想さ

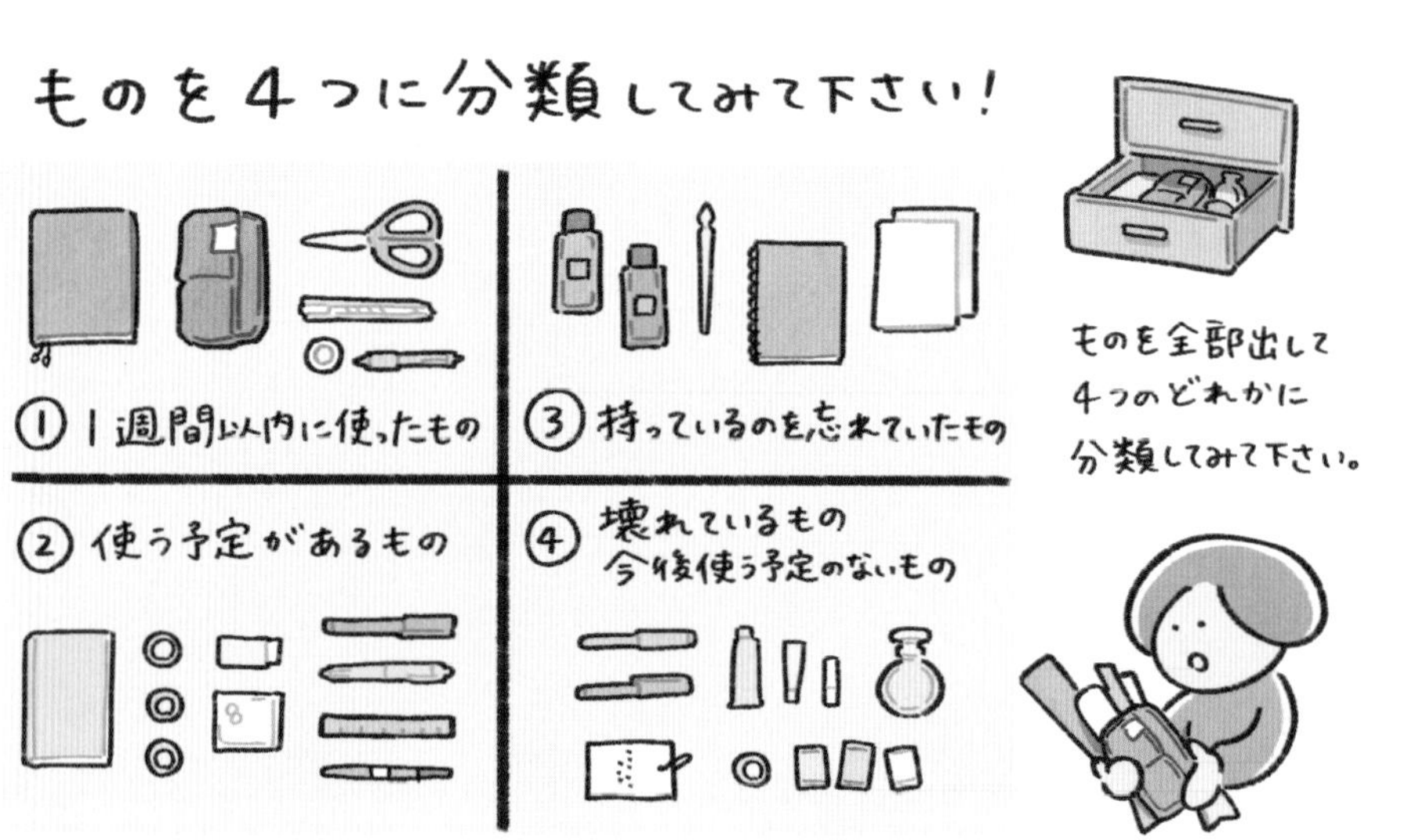

ものを4つに分類してみて下さい！
①1週間以内に使ったもの
③持っているのを忘れていたもの
②使う予定があるもの
④壊れているもの
今後使う予定のないもの
ものを全部出して
4つのどれかに
分類してみて下さい。

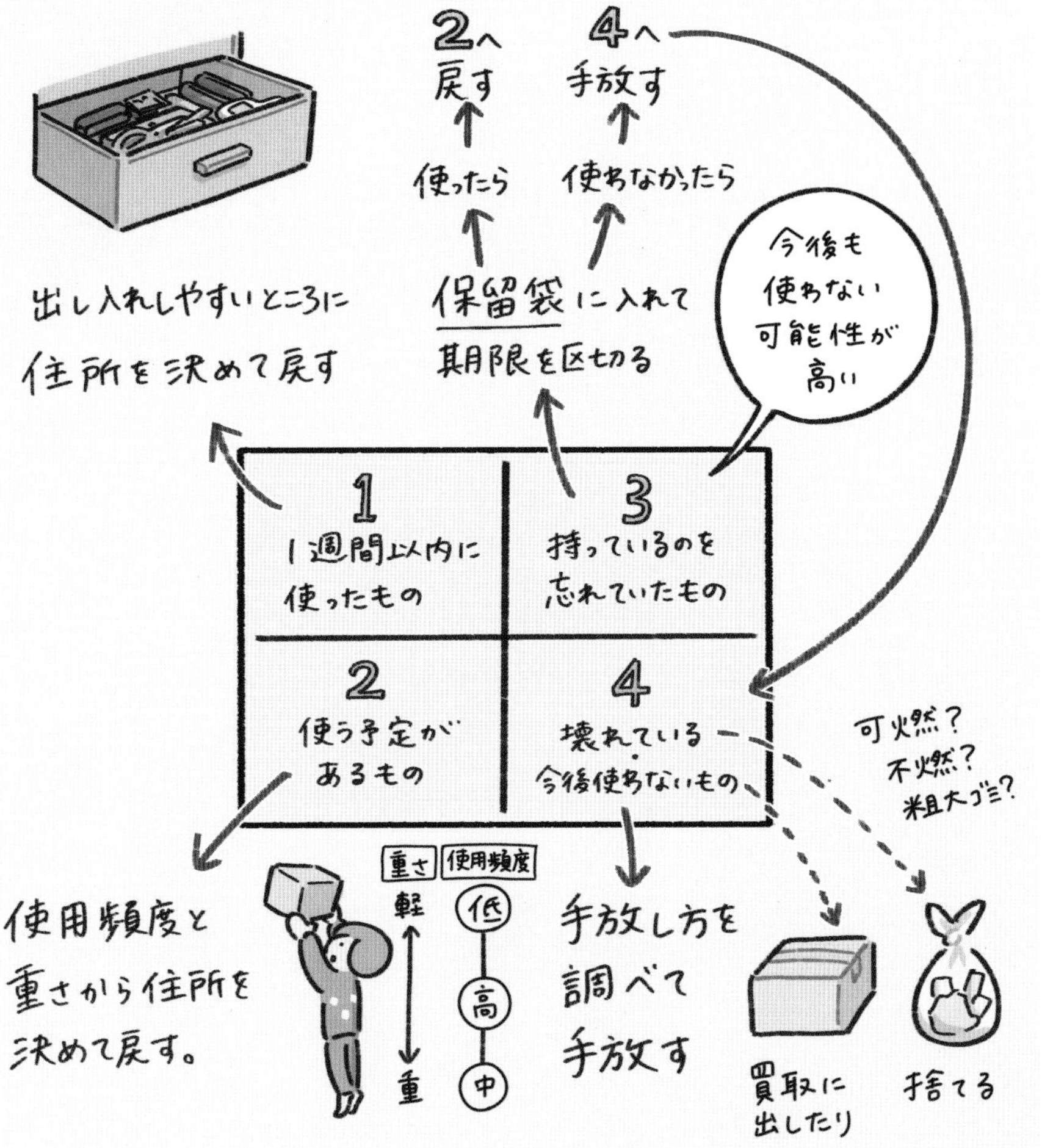
2へ
戻す
使ったら
4へ
手放す
使わなかったら
出し入れしやすいところに
住所を決めて戻す
保留袋に入れて
期限を区切る
今後も
使わない
可能性が
高い
1
1週間以内に
使ったもの
3
持っているのを
忘れていたもの
2
使う予定が
あるもの
4
壊れている・
今後使わないもの
可燃？
不燃？
粗大ゴミ？
重さ
使用頻度
軽
重
低
高
中
使用頻度と
重さから住所を
決めて戻す。
手放し方を
調べて
手放す
買取に
出したり
捨てる

れるので所持しているもの。冠婚葬祭用や季節外の衣類は②です。続いて③は、最近使った記憶がなく所持しているだけになっているもの。試しにクローゼットのどこに何があるのか考えてみて、思い出せなかったものは③にあたります。手放すか迷うものは、ここに潜んでいるといえます。最後に④ですが、手放そうと決めたものの、処分方法を選べず放置しているものなどです。昨年は一軍だった①の服でも、今年は好みが変化し気づけば③に移行していたりします。そういうものを定期的に取り除くことで、空間をすっきり保てます。

「引き出しひとつ」から

1日10分、片づけの習慣を

片付けを習慣化するために、まずは引き出しひとつから取り組んでみましょう。1日10分で取り組めそうな分量で区切り、それを「1区分」とします。引き出し1段だと多い場合、引き出しの1／2などで区分してください。そして1日1ヶ所整理をします。必要なのはゴミ袋4枚、可燃2枚と不燃2枚のみ。まずはものを一旦床に全て出して、ものを4つの領域（P28）に分類します。「④今後使う予定のないもの」をゴミ袋（可燃と不燃に分類）に入れ、「③持っているのを忘れていたもの」は保留袋（可燃と不燃で分類）に入れ

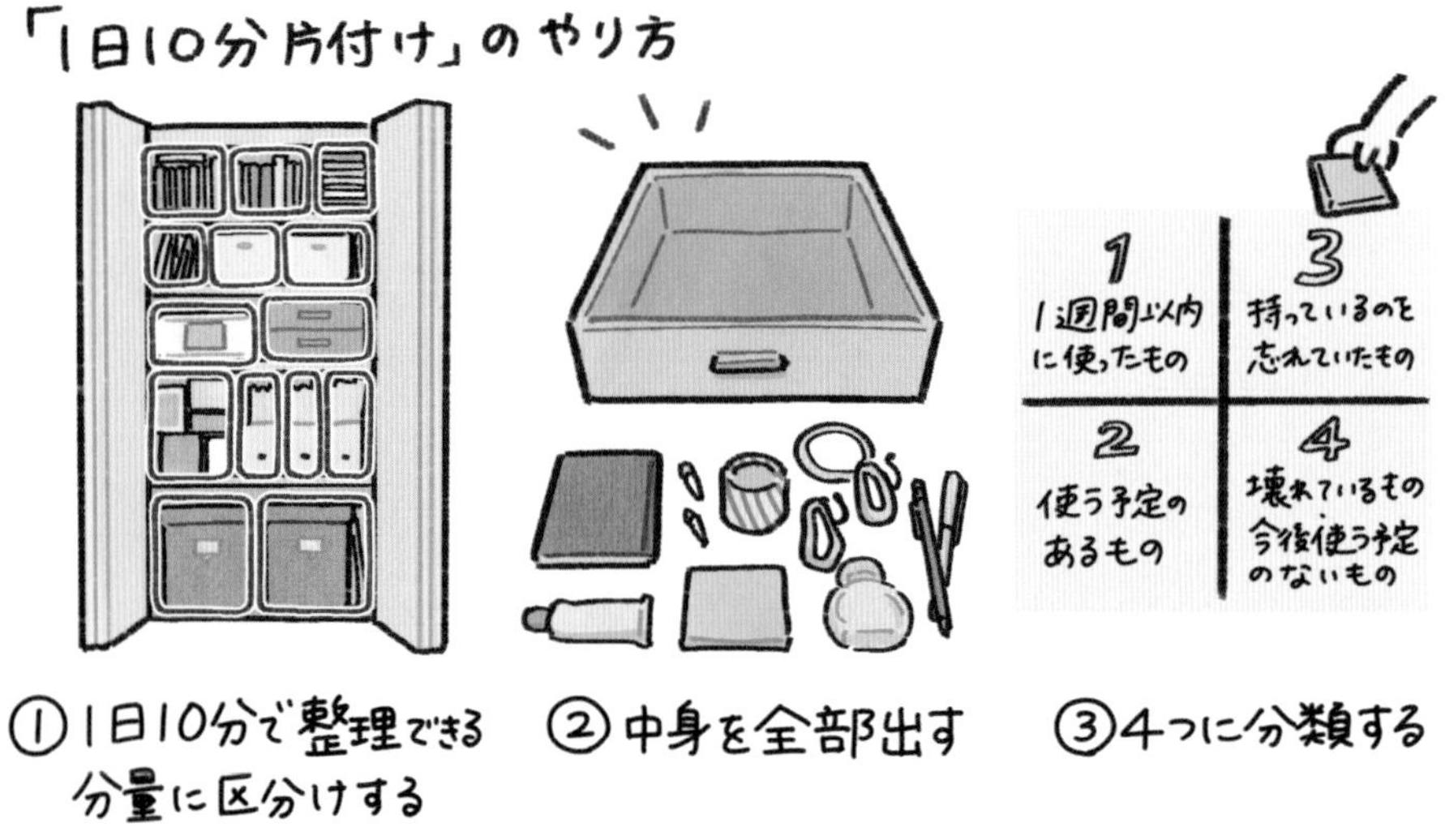

「1日10分片付け」のやり方
1
1週間以内に使ったもの
3
持っているのを忘れていたもの
2
使う予定のあるもの
4
壊れているもの
今後使う予定のないもの
①1日10分で整理できる分量に区分けする
②中身を全部出す
③4つに分類する

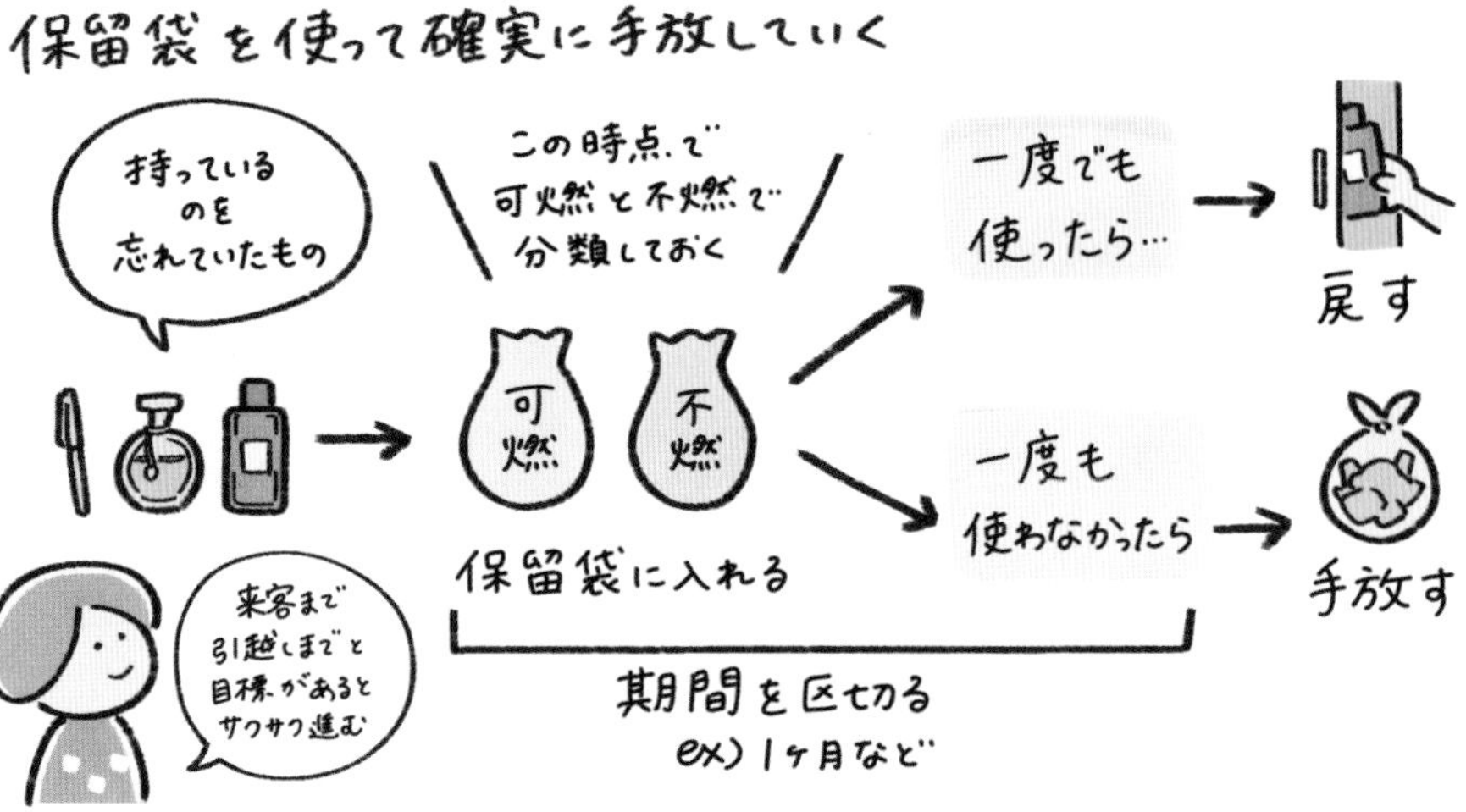

保留袋を使って確実に手放していく
持っているのを忘れていたもの
この時点で可燃と不燃で分類しておく
可燃
不燃
保留袋に入れる
一度でも使ったら…
戻す
一度も使わなかったら
手放す
期間を区切る
ex) 1ヶ月など
来客まで引越しまでと目標があるとサクサク進む

て、不要なものを一旦取り除きます。「①1週間以内に使ったもの」「②使う予定のあるもの」を残し、使用頻度に基づいて住所を決めて戻します。残った保留袋は一旦部屋の隅へ。可能であればこの作業を毎日、難しければ休日の度に、10分でいいので時間をつくって続けてみてください。

ポイントは習慣にすること。1日1ヶ所取り組めば、1ヶ月で30ヶ所分の整理が完了します。30日後にはかなりすっきりするはず。一日で一気に押入れを整理をしようと全てのものを床に出すと、何を手放していいかわからず気づけば夕方、床にものが散乱して途方に暮れる……というのは片付けあるあるだと思いますが、コツコツ取り組める分量に分解すれば、こういった事態に陥らずに済みます。残った4つの袋は、分類④のものはそのまま袋の口を閉じて捨てます。保留袋は1ヶ月でも2ヶ月でもいいので期限を決めて、その間一度でも存在を思い出して使ったら収納に戻します。思い出さなかったら、なくても暮らせるものがほとんど。そのまま袋の口を閉めて手放します。こうすれば必ず部屋はすっきりします。思い入れの大きいものを手放すのは難しいので、思い入れの少ないジャンルから取り組むことをおすすめします。

理想の部屋をイメージする

理想と現実のギャップを可視化

整理収納アドバイザーとしてお悩み相談を受ける際に、まずお願いすることがあります。それは、理想のお部屋の写真を探してもらうことです。みなさんすっきりした部屋にしたいと言います。しかし、すっきりと一言に言ってもどれくらいの物量をイメージしているかには個人差があります。独房級にものがない状態が理想なのか、床にものはなくて飾り物が多少あるくらいがいいのか、理想は人それぞれです。試しに理想のリビングの写真を3、4枚集めてみると、傾向が見えてくるはず。物量や部屋のテイストに共通点があり、自分の理想が見えてきます。写真と見比べて、理想がわかれば、そこに至るまでの道筋が見えるようになります。理想が100%なら現状は何%でしょうか。すると、何を残して何を手放せばい

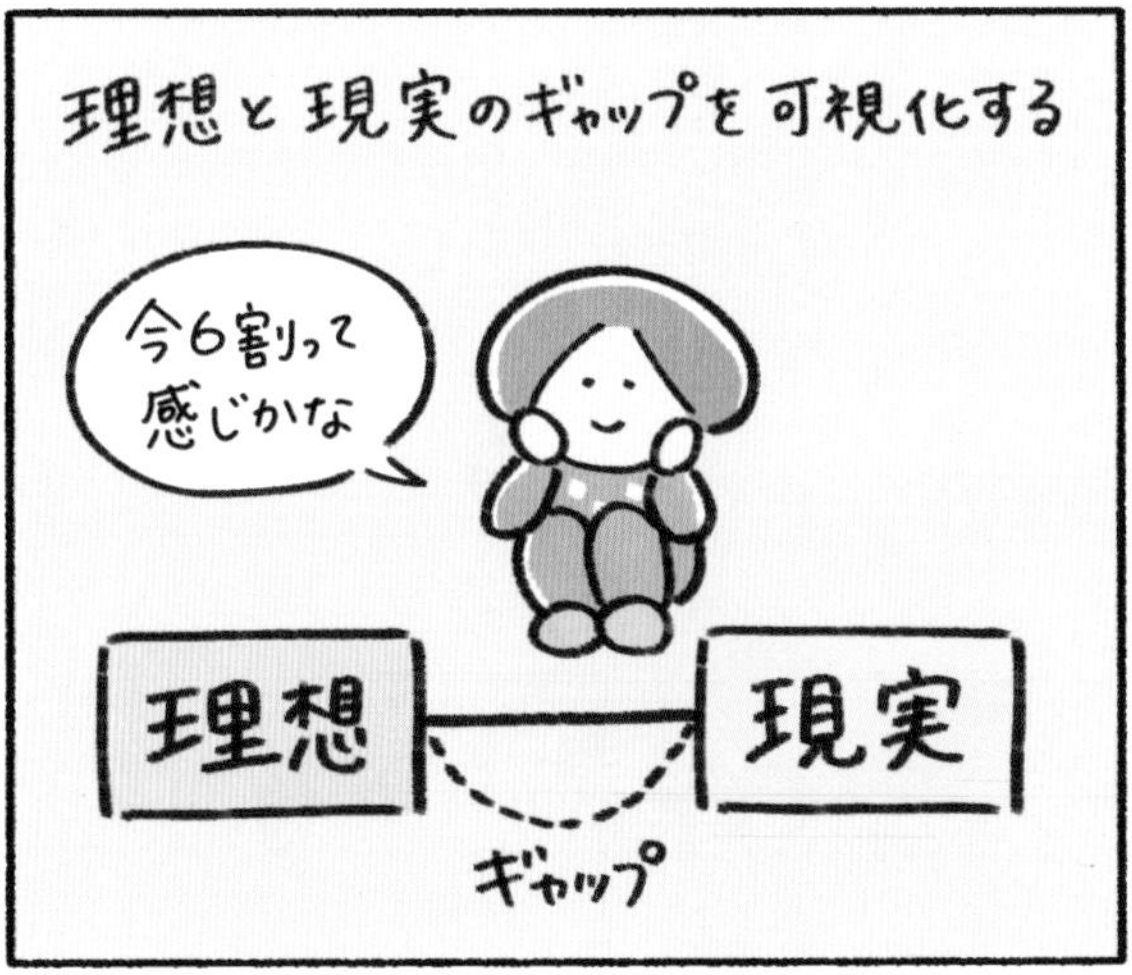

理想と現実のギャップを可視化する
今6割って感じかな
理想
現実
ギャップ

Q.理想の部屋のどこが好き?
ものが収納に収まっていて床や壁にものがなくてスッキリしているところが好き。
理想の部屋
Q.現実と理想はどこが違う?
部屋をぐるっと囲むようにハンガーラックに掛かった服がある
↓
収納に収めたい!
現実の部屋
収納のサイズは変わらなさそう…
Q.理想の物量で暮らしている人は何を残していて何を持っていない?
服は似たようなアイテムをいくつも持ってない!
夏服は吊るしてある分だけです。
カーディガン
まずは似たようなアイテムを1つに絞ることからやってみよう
「理想と現実を見比べる」をくり返して、できることに1つずつ取り組んでいくとギャップが埋まっていきます。

いのかが見えてくるはず。

私もかつて、幾度となく「ミニマリスト クローゼット」で検索して、やる気を出していました。手放すものがあぶり出されて、片付けが進みました。ぜひ片づけたいエリアごとに理想の部屋を見つけてください。

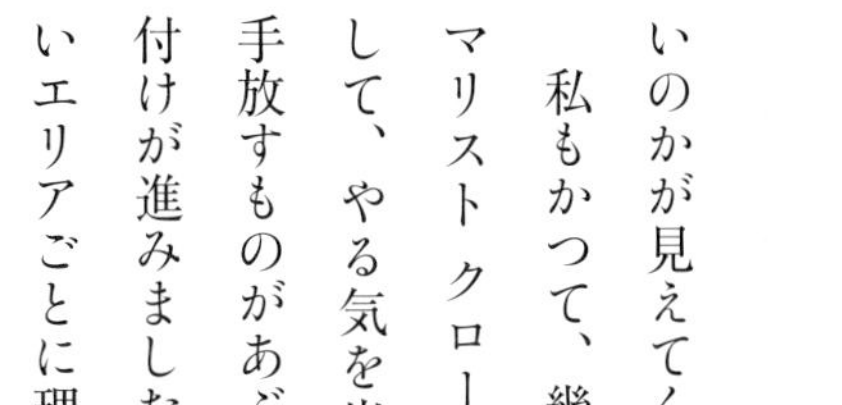
自宅の写真を撮ってみて…

理想の部屋と自宅の写真を交互に見比べてみるとギャップが見えてくる。

「服を減らす」に挑む

メリット・デメリットを考える

服を減らすのは難易度が高いので、まずは「なぜ手放すのか」という動機を明確にしましょう。不要な服を持つことのデメリットはたくさんあります。着ていなくてもメンテナンスが必要。クローゼットが窮屈になり、服同士の摩擦で一軍の服も傷みやすくなります。一方、少ない服で暮らすメリットはどうでしょうか。少数精鋭のお気に入りの服があれば、毎朝の支度で悩まなくなり、服を探すこともなくなります。手持ち服を把握できるので同じような服を買うこともなくなり、節約になります。服はラスボス級の存在。もったいない、痩せたら着られるかも、売れるかも、高かったから……など、手放せない理由がいくつも浮かんでくるはず。何度も戦う相手だと意識してみてください。徐々に手放していきましょう。

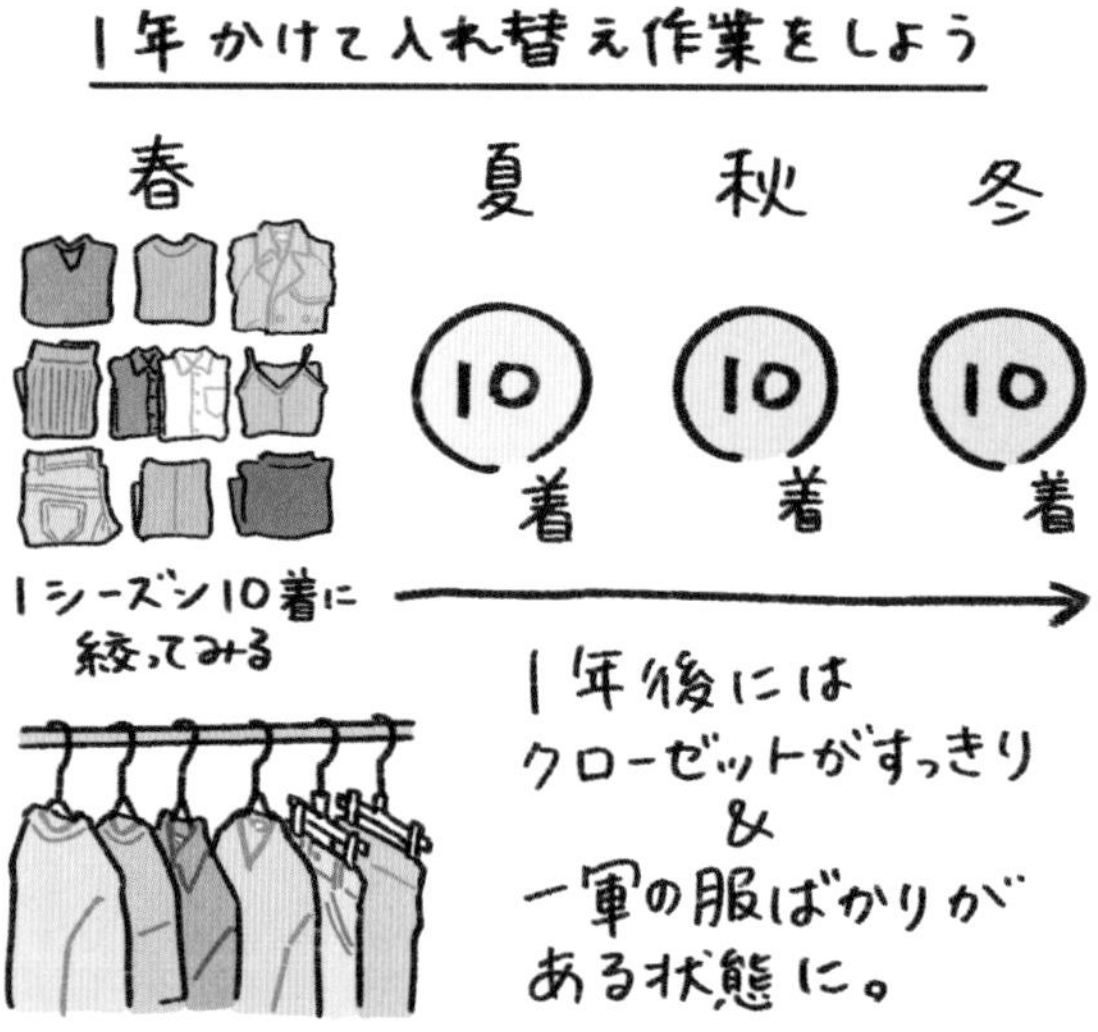
1年かけて入れ替え作業をしよう
春
夏
秋
冬
10着
10着
10着
1シーズン10着に絞ってみる
1年後にはクローゼットがすっきり
&
一軍の服ばかりがある状態に。

① 1日10分で
整理できる量に
区分けする
□…1区画

⇩

② 1区画分の
中身を全部
出してみる

⇩

③ 4つに分類する

1週間以内に使ったもの (1)	持っているのを忘れていたもの (3)
今後使う予定のあるもの (2)	壊れている・今後使わないもの (4)

3 は直近一ヶ月で着るか？
また、なぜ着なくなったのか考えてみる

セールで買ってサイズが合ってない
↓
1in1outした方がいいのでは？

昨年は着たけど今年は気分でない
↓
手放した方がいいのでは？

裾の傷みが気になる
↓
1in1outした方がいいのでは？

4 は手放し方と
期限を決める

- フリマアプリ
- 中古買取
- 譲る
- 捨てる

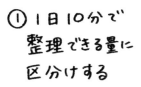

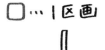

思い出のものの処分法

どうやって情を引き剥がすか

思い出ボックス1つに
収まる分だけ残す
友人の手作り
カメラケース
(破れてる)とか、
手作りのアルバム
が入ってる。
上限を決める、とは言えさぁ…
ベリベリ
修理
情
思い出
ものに貼りついた情をそう簡単に剥がせたら
苦労しないって…と思います。

思い出のものって手放しがたいですよね。手放すのに難儀するものNo.1ではないかと思います。いくら理屈で不要だとわかっていても、情が貼り付いているので手放せず、「頭ではわかっているけど行動を伴わせることができない」という状態になりがちです。

私は靴を買った時についてくる箱1つ分を「思い出ボックス」として、そこに収まる分だけの物量で思い出の品を残すことにしています。そこから溢れた分は写真に撮って思い出を残し、物としては手放すことにしています。

人が生活する上で道具が必要ですよね。調理器具なり家電なり、どれも実用品です。思い出の品は、今は実用品ではなくなっている状態です。思い出を思い出すという目的のために保管し、たまに取り出して懐かしく過去を思い出すという「鑑賞品」であると言えます。ならば鑑賞という用途を持ったものと考えて所持していけば良いと思っています。しかし、思い出の品ばかりで生活はできません。収納の8

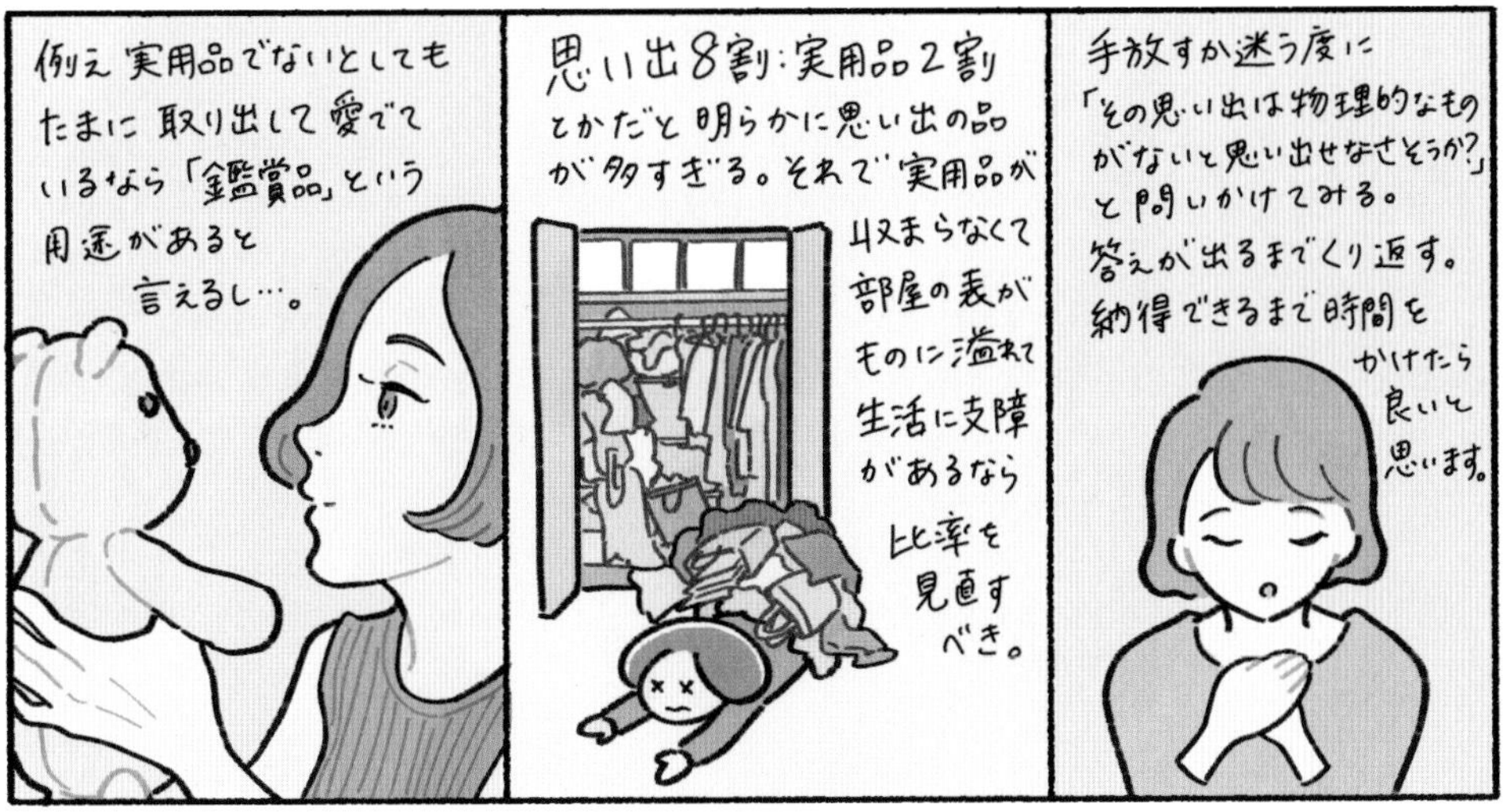
例え実用品でないとしても
たまに取り出して愛でて
いるなら「鑑賞品」という
用途があると
言えるし…。
思い出8割:実用品2割
とかだと明らかに思い出の品
が多すぎる。それで実用品が
収まらなくて
部屋の表が
ものに溢れて
生活に支障
があるなら
比率を
見直す
べき。
手放すか迷う度に
「その思い出は物理的なもの
がないと思い出せなさそうか?」
と問いかけてみる。
答えが出るまでくり返す。
納得できるまで時間を
かけたら
良いと
思います。

割を思い出の品が占めていて、実用品が収まりきらなくなっているなら、思い出の品と実用品の比率がいびつだと言えます。ただ、いくら靴箱1つ分から溢れたものは持たないと決めても、貼り付いた情を引き剥がさないと手放せないですよね。自分がそれを使ってきた習慣にも愛着があるし、いくら今使っていないからといっておいそれと手放せない。そこを理屈によって自分を説得するのが手放し作業なんですよね。悩んだ時は、こんな質問を投げかけてみるようにしています。「その思い出は物理的なものがなくても思い出せるのでは?」「ものを写真に撮って見返すことで思い出せるのでは?」この問いに「イエス」と答えられるなら、手放していいと思います。ただ、思い出の品はあとで買い戻すことができません。手放してとてつもなく後悔しそうだと思うなら、時間をかけましょう。視界に入る度に手放すか迷うならその度に同じ質問を投げかけて、答えが出る日までそれを続けてみましょう。

本当に思い出
深いことって、ものも
写真もなくても
自然と思い出します。
7
カレンダーの
数字を見ただけで
「10年前の7月に
松本行ったなー」
とか思い出す。

思い出ノートをつくってみる

思い出を強く残すとっておきの方法

思い出ボックスを用意して写真に撮影して、ということでは気持ちの整理がつかないものもあると思います。先日、お悩み相談で寄せられたのが、買い集めたレコードや、初めて買ったブランド品のお財布が手放せないという悩みでした。共通するのが、購入するまでにも思い入れがあり、もう使っていなくても手放せないという点です。そこで提案したいのが「写真に撮ってノートに思い出を書き付ける」というもの。例えばレコードならそのジャケットにも思い入れがあるはず。写真をプリントしてノートに貼り、手に入れるまでの苦労や買った時の思い出、その曲を流したときの気持ちなどを記していきます。「ノートを開けば思い出せる」となれば、手放す決断ができるものもあるのではないでしょうか。

「初めて買ったブランド財布・買い集めたレコードが
手放せない」というお悩み…
思い出深いものは
情を引きはがせない…。
でも場所はとるから
見る度に「手放さなきゃ」と思うもの。
手放せないの
わかる…。

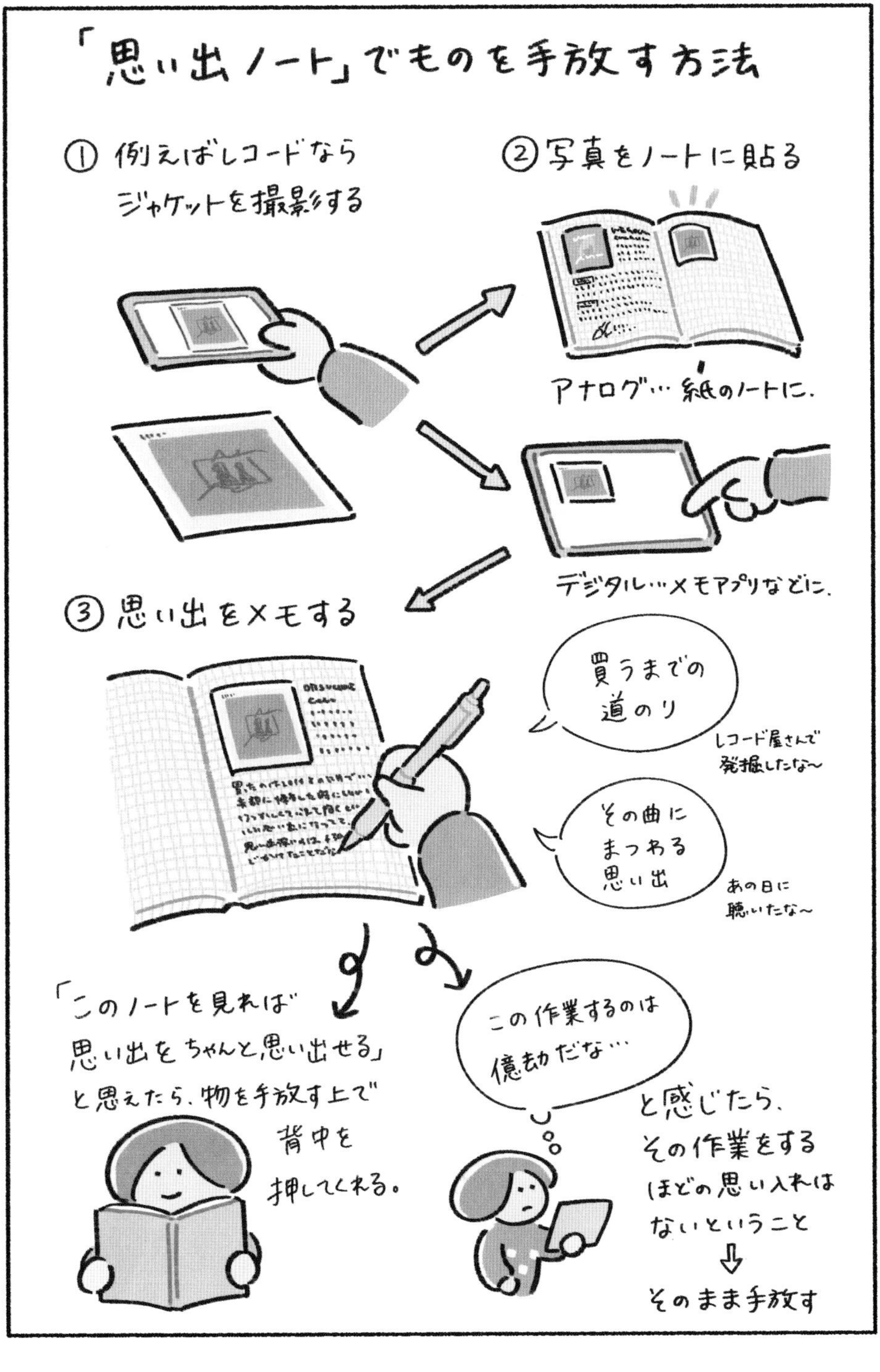
「思い出ノート」でものを手放す方法
① 例えばレコードなら
ジャケットを撮影する
② 写真をノートに貼る
アナログ… 紙のノートに.
デジタル…メモアプリなどに.
③ 思い出をメモする
買うまでの
道のり
レコード屋さんで
発掘したな〜
その曲に
まつわる
思い出
あの日に
聴いたな〜
「このノートを見れば
思い出をちゃんと思い出せる」
と思えたら、物を手放す上で
背中を
押してくれる。
この作業するのは
億劫だな…
と感じたら、
その作業をする
ほどの思い入れは
ないということ
⇩
そのまま手放す

買い物の失敗を認める

認めて処分したほうが自己肯定感が上がる

最近失敗したもの…
ブルーレイプレーヤー
↖録画できない
推しが急に地上波に出ることが増えて録画が必要に。
めでたい！
買って3ヶ月でレコーダーに買い替えた。
ペットボトル用スポンジ
ボトルに入れて振って使う。
は…入らん…!!
ドリンクボトルを洗おうと買ったが、口が小さくて入らなかったのだ！
今度こそ使う気がする！
ヒール
靴擦れを乗り越えられなかった…。またもや…。

最近、買い物で失敗ってしましたか？　私は厳選して買うようにしているつもりでも、未だに年に数回は失敗してしまいます。最近だとヒールの靴で失敗しました。デザインが気に入っているから靴擦れ期間を乗り越えてでもきっと履きこなせるようになるはず……と期待して、今度こそ大丈夫だと思って買ったのですが、歴代のヒールと同じように足や腰の痛みが気になり、出かける際に選びたい気持ちになれず、結局履かなくなって靴箱を圧迫するようになってしまいました。視界に入る度に、使いこなせなかった事実に直面して落ち込みます。通販で買ってサイズの合わなかったもの、セールで衝動買いしたけれど若干しっくりこない服……あまり使っていないものって手放すハードルが高いですよね。

それって「買い物に失敗した」という事実に向き合わなければならないからだと思うのです。せっかくのお金をドブに捨てるようなことをしてしまった、もっと比

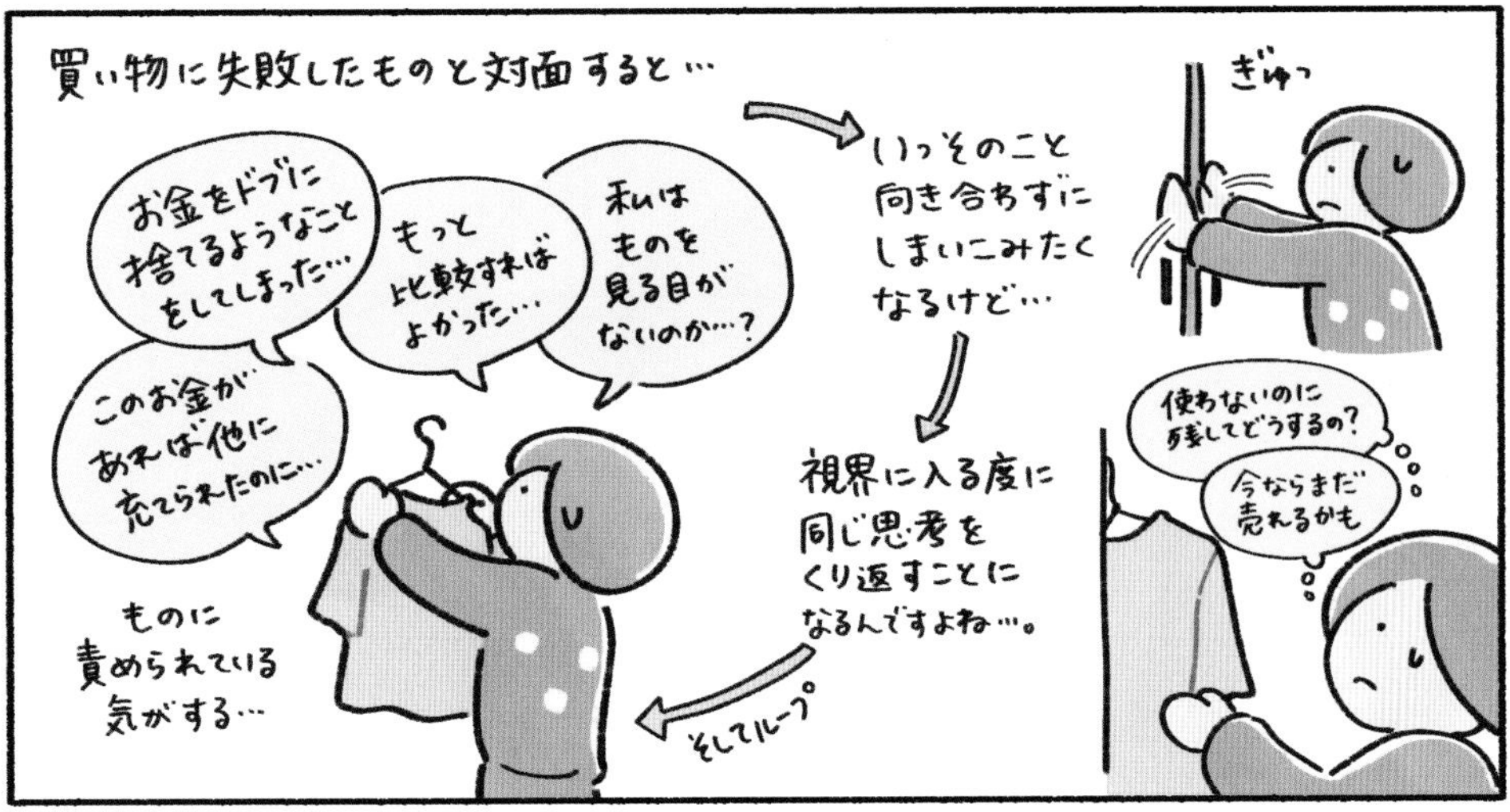

買い物に失敗したものと対面すると…
お金をドブに捨てるようなことをしてしまった…
もっと比較すればよかった…
私はものを見る目がないのか…？
このお金があれば他に充てられたのに…
ものに責められている気がする…
いっそのこと向き合わずにしまいこみたくなるけど…
ぎゅっ
使わないのに残してどうするの？
今ならまだ売れるかも
視界に入る度に同じ思考をくり返すことになるんですよね…。
そしてループ

較してから買えばこうなっていなかったのに、ものを見る目がないんだろうか、このお金があれば他に充てられたのに……という自分を責める感覚が湧き上がってきます。しかし、今使う気にならないものは、一年経っても使う気にならないでしょう。それを手放さずに残し続けると、視界に入るたびに同じ思考を繰り返すことになります。なので、買い物の失敗を認めて、さっと手放してしまった方が精神的に楽になれます。また、ものは経年劣化するので、ものとしての価値が下がる前に早めに手放してしまった方が高い価格で売れる可能性があったり、人に譲るにしても需要がある可能性が高いと思われます。何事も隙間がないと新しいものは入り込む余地がありません。自分に似合わない微妙な服を手放すと、クローゼットの空いた空間に、自分に似合う新しいものを招き入れることができます。買い物に失敗したと思ったら、さっと気持ちを切り替えて次に行きましょう。

死蔵品を手放して空間を空けると
新しい仕事
新しい仕事が舞い込んできた経験があるので、新しいものが入りこむスキマをつくるのは大事だと思ってる。（過去に出した書籍のオファーとかそうでした。）

好きなものを残すには

「興味のないジャンル」が解決のカギ

これは片付けのお悩み相談を受けた際に度々お話ししていることなのですが、好きなものを無理に減らす必要はないと考えています。ものを減らす目的は決まっていますか？　目的は人それぞれです。

私は、好きな土地で好きな働き方をして好きなものを楽しみ、自分の自由時間を増やすためにものを減らしました。自由時間は減らす際のものさしに、好きなものは残すものを決めるものさしになります。もののメンテナンスの手間や時間を減らせるなら手放しますし、ものが減っても家事の手間が増えるようなら手放しません。ま

お菓子づくりが大好きで
道具がたくさん…
減らせないんです…
好きなジャンルのものを無理に手放す必要はありません!!
別ジャンル
興味の薄いジャンルのものを減らして家全体で物量のバランスをとればOK!
好きなものを手放すためにものを少なくしているのではなく、
好きなものをより楽しむためにものを少なくして家事やメンテナンスの
手間を省いて、自由時間やスペースを生み出しているので…
私の場合はですが…

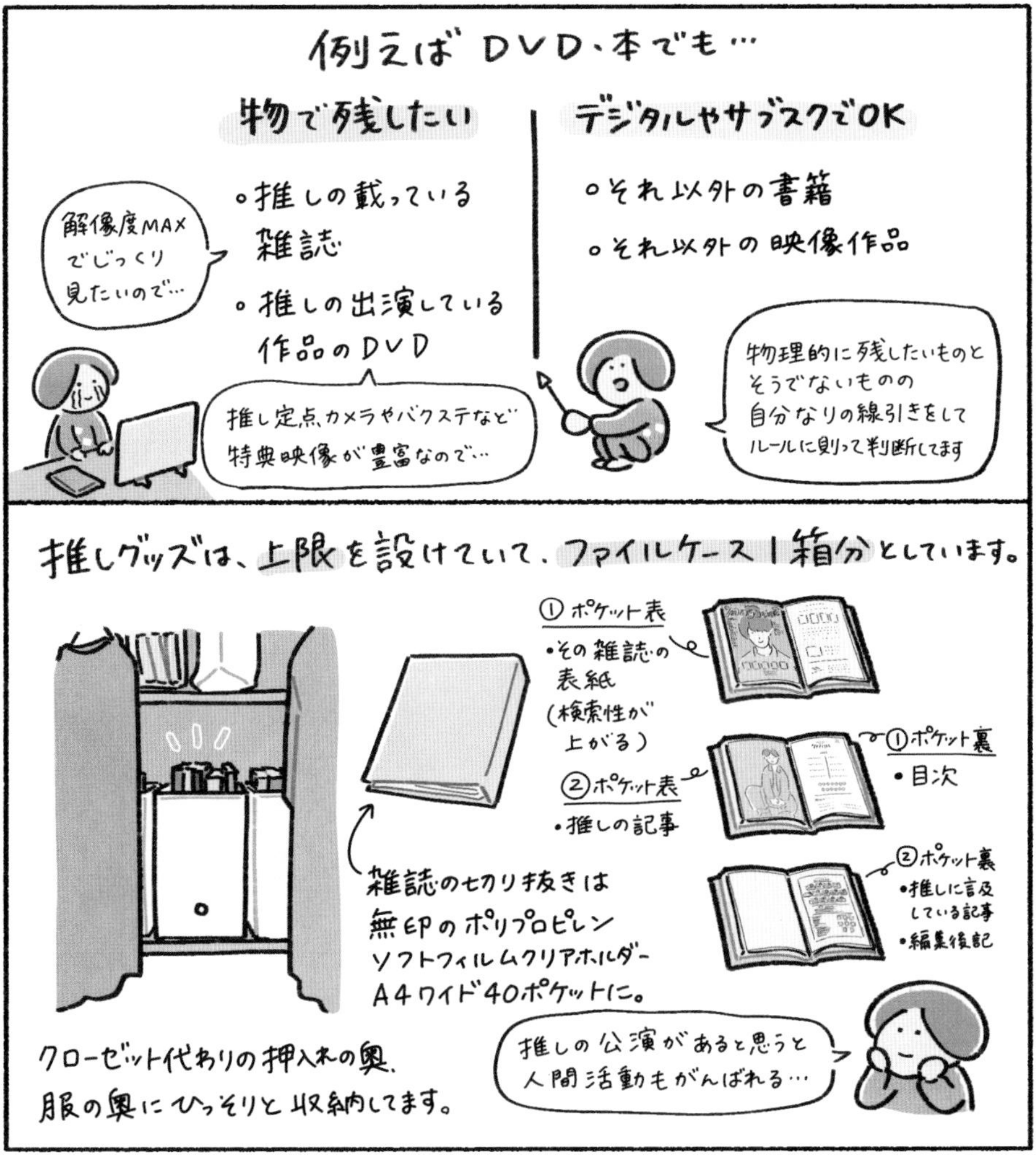
例えば DVD、本でも…
物で残したい
・推しの載っている雑誌
・推しの出演している作品のDVD
解像度MAXでじっくり見たいので…

推し定点カメラやバクステなど特典映像が豊富なので…

デジタルやサブスクでOK
・それ以外の書籍
・それ以外の映像作品
物理的に残したいものとそうでないものの自分なりの線引きをしてルールに則って判断してます
推しグッズは、上限を設けていて、ファイルケース1箱分としています。
①ポケット表
・その雑誌の表紙（検索性が上がる）
①ポケット裏
・目次
②ポケット表
・推しの記事
②ポケット裏
・推しに言及している記事
・編集後記
雑誌の切り抜きは無印のポリプロピレンソフトフィルムクリアホルダーA4ワイド40ポケットに。

クローゼット代わりの押入れの奥、服の奥にひっそりと収納してます。

推しの公演があると思うと人間活動もがんばれる…


た、手放すことで自分の好きなことができなくなるようなら手放しません。趣味まで手放したいわけではないからです。例えば、料理が好きなら、調理器具は持ちたい分だけ持てばいいと思います。使わないものまで過剰に持っているのであれば見直しが必要ですが、自分にとって必要なものなら無理に手放す必要はありません。代わりに、興味のないジャンルのものを減らしてバランスをとればOK。空いた空間に好きなジャンルのものを収納する場所を確保すれば良いのです。

大物を手放すコツ

「普通」という常識も手放してみる

タンスの上の裁縫箱！
木製でしっかりしてて超重い。
壁にいくつも並ぶタンス
心ばかりのつっぱり棒
PCが倒れてきたら足の骨折れそう
地震きたら死ぬかも…
金属のポールが倒れてきたら悶絶だな…

ものの整理を進めていったら、次は収納自体にも目を向けてみましょう。押し入れやクローゼットといった、部屋の中で一番大きな容量の収納を整理していくと、空間が生まれます。そこに部屋に出ているものを納めていくと、部屋の置き型収納家具自体を手放せる可能性が出てきます。部屋にものがないと日々の掃除がしやすく家事が楽になるほか、防災の観点から考えても、部屋に倒れてくるものを減らせます。

また、常識を疑ってみることもおすすめ。「なくても大丈夫かも」というレーダーを部屋中のものに照射するつもりで見てみると、家具や家電といった大物を手放せることも。例えば我が家には、一般的に家庭にあって当たり前とされているもののうちいくつかがありません。ソファ、ベッド、食器棚、炊飯器などです。なくても大丈夫かも？という目で見てみたら、案外どれもなしでも暮らせそうだと感じました。試しになしで生活してみたら、なくても大丈夫だと感じ、そのまま持たなくな

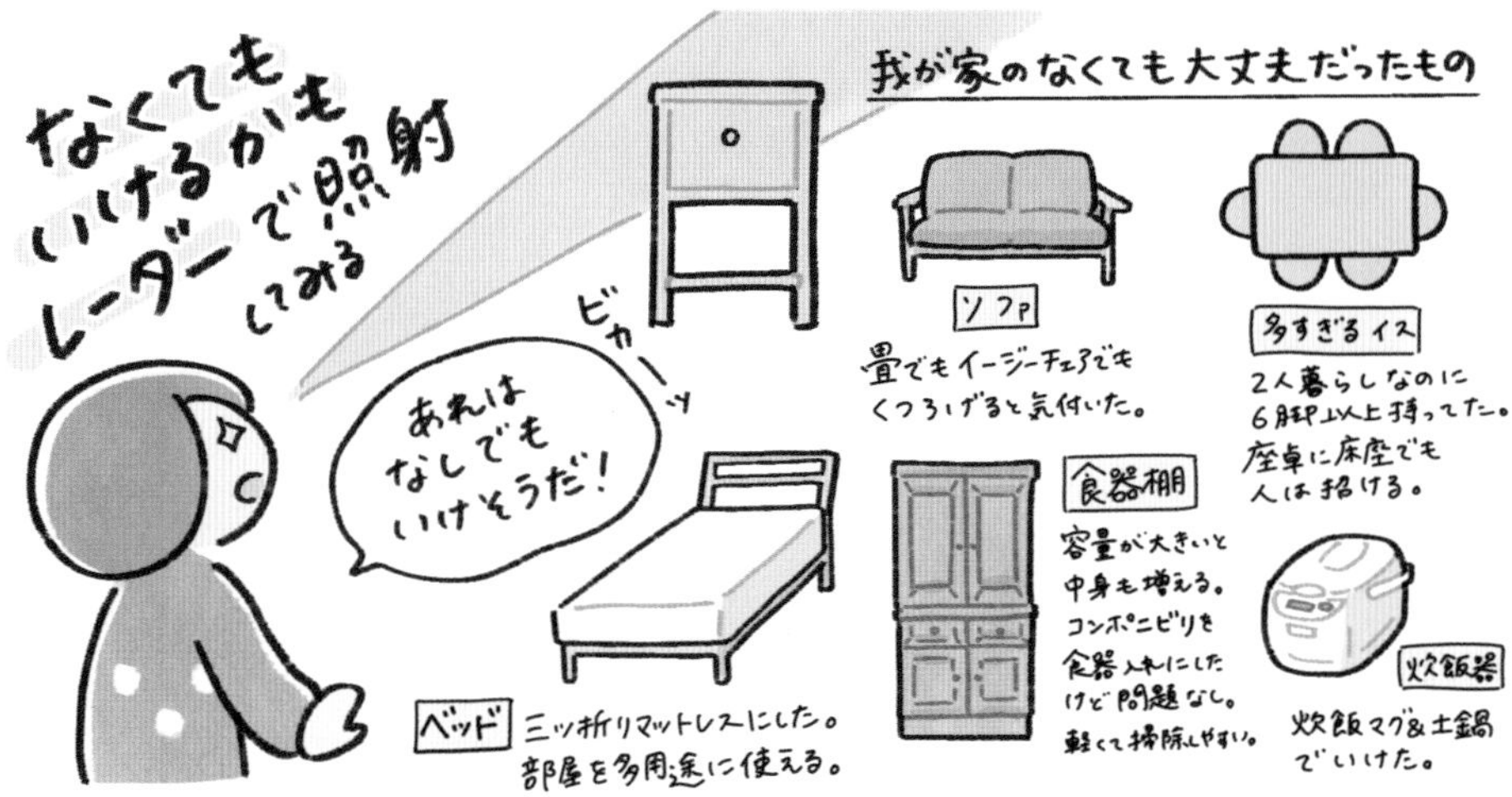
なくてもいけるかもレーダーで照射してみる
ビカーッ
あれはなしでもいけそうだ！
我が家のなくても大丈夫だったもの
ソファ
畳でもイージーチェアでもくつろげると気付いた。
多すぎるイス
2人暮らしなのに6脚以上持ってた。座卓に床座でも人は招ける。
食器棚
容量が大きいと中身も増える。コンポニビリを食器入れにしたけど問題なし。軽くて掃除しやすい。
炊飯器
炊飯マグ＆土鍋でいけた。
ベッド
三ツ折りマットレスにした。部屋を多用途に使える。

りました。

例えば、ベッドがあると寝室は日中も寝室としてしか使えませんが、折り畳みマットレスと布団なら日中はこの部屋を多用途に使えます。ベッドはマットレスが大きく重いので、立てかけて風を通すということが億劫でカビさせてしまいました。生活スタイルに合わないなら三つ折りマットレスと布団の生活にしてみてはどうかと考えて手放してみると自分にはこちらの方が合っていて、毎日マットレスを立てかけるようになり、それ以降はカビさせていません。

大型の家具家電は手放す方法に迷いがちですが、一度お近くのリサイクルショップに電話してみては。手放したいものを伝えると、出張買取してくれる場合もあります。他にもジモティーなどの地域掲示板サイトで譲り先が見つかる場合も。粗大ゴミに出す以外にもいろんな選択肢があります。

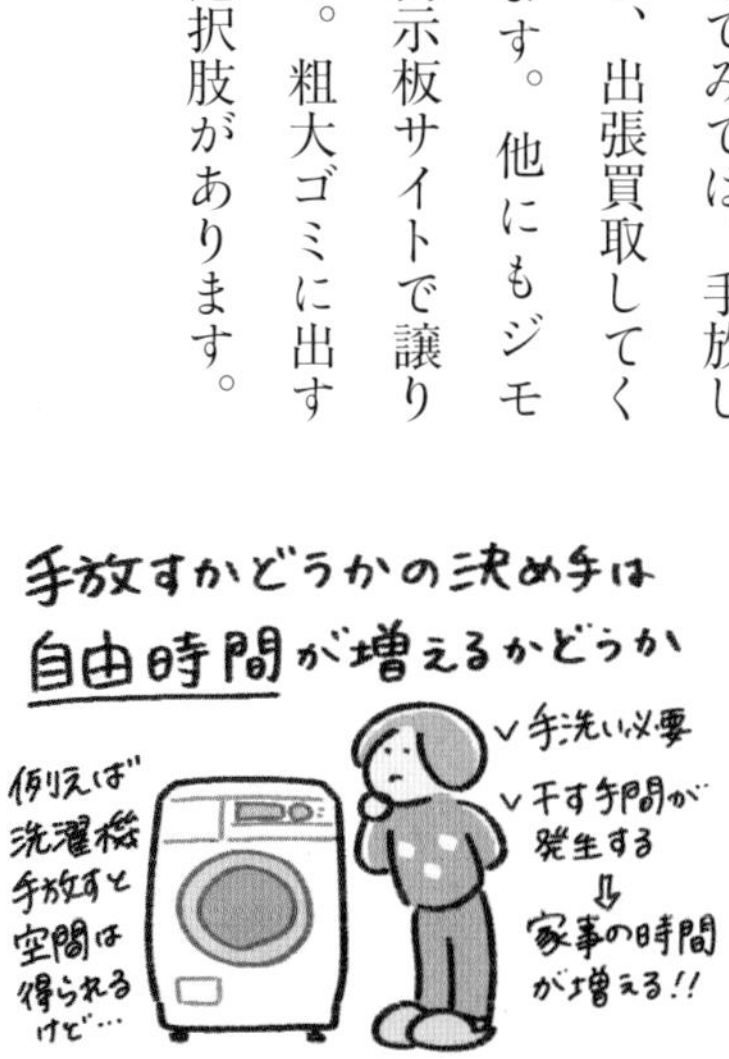
手放すかどうかの決め手は自由時間が増えるかどうか
例えば洗濯機手放すと空間は得られるけど…
✓手洗い必要
✓干す手間が発生する
⇩
家事の時間が増える!!
いかに1日の中の自由時間を増やせるかどうかで、手放すか決めてます。
自分がものを減らす目的を意識する

私が手放したもの

LIST

□100着以上の服 ⇨ 季節10枚前後のスタイルへ

□ソファ ⇨ 折りたたみイージーチェアへ

□食器棚 ⇨ コンポニビリへ

□アイロン ⇨ 衣類スチーマーへ

□数十本のボールペン ⇨ 2本のボールペン

□コード式掃除機 ⇨ コードレス掃除機へ

□ベッド ⇨ マットレスへ

□三角コーナー ⇨ 撤去

etc...

かつては服も家具も食器も、数や種類が多いほど良いと思い込んでいました。しかし、ものの数だけ掃除とメンテが必要。好きなものを少数精鋭で持った方が、空間も時間もつくれて自由度が上がると気づき、数を減らす決断ができました。

3章

「好きなもの」も大事にしたい

ものを減らす目的は？

好きなものは手放さなくていい

みなさんは ものを少なくしたい 理由は何ですか？
私は 自由時間を 増やしたいから
推しを推す
増えた時間で 好きなものを 楽しみたいから
絵を描く
なので「減らすと 自由時間も減ってしまう もの」は手放しません
乾燥機付き 洗濯機
君の おかげで 自由時間が 劇的に増えた！
時間を得る＞ものの少なさ 重視なら 手洗いになる でしょうし。
趣味まで ミニマルにするつもりは ありません
趣味が ミニマルって 何だろう…？
寝るのが趣味 とか…？
日がな座禅 しているとか？
それが好きなら もちろんそれを すれば良いのです。

ミニマリスト
なのに
オタクは
やめないの？
と言われたことのある人もいるかもしれませんが…
「ミニマリスト」という言葉が広まった
2015年頃はそういう声も見かけました。
例えば「子どもとの時間を増やす」ためにものを減らして家事の時短をしてる人に
「ミニマリストなのに子どもとの時間を増やすんですか？」と問いかけたりしないですよね
ものを少なくして暮らしたい目的は人それぞれ
生活費を抑えたい
体力的な負担を減らしたい
家族との時間を増やしたい
すっきりした空間が好み
好きなものまで手放す必要はありません
花はなくても暮らせるけど
花のある暮らしが好きだから飾る
迷ったら「自分の目的」に立ち返って好きなものを楽しんでほしいと思います

私の服の制服化

1シーズン3パターンでOK

かつて、ざっと100着以上の服を持っていました。一軒家に住んでいた頃、たっぷりとしたクローゼットがあったにもかかわらず、そこに収めきれず家中に服が点在していました。どこに何をしまうか住所を決めていなかったので、いつも目的の服を探し出せずにいました。

　セールやフリマなどで安さ重視で買っていたので、色やサイズを妥協したものばかりで、数がある割に二軍の服だらけでした。

　また、手持ち服を把握していないので何を買えばいいのかわからず、買い物迷子になっていました。

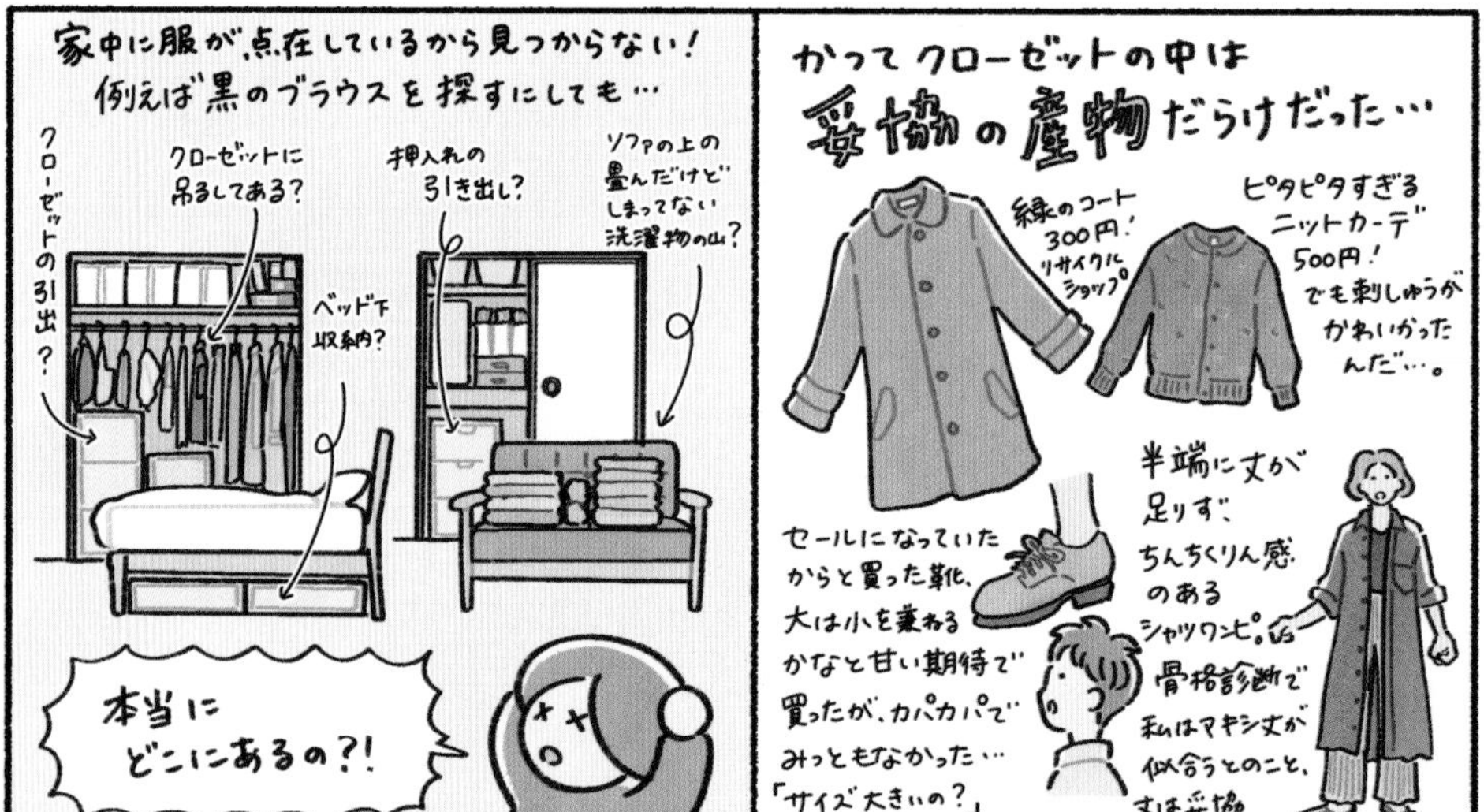
家中に服が点在しているから見つからない！
例えば黒のブラウスを探すにしても…
クローゼットの引出？
クローゼットに吊るしてある？
ベッド下収納？
押入れの引き出し？
ソファの上の畳んだけどしまってない洗濯物の山？
本当にどこにあるの?!
かつてクローゼットの中は
妥協の産物だらけだった…
緑のコート300円！リサイクルショップ
ピタピタすぎるニットカーデ500円！
でも刺しゅうがかわいかったんだ…。
セールになっていたからと買った靴。
大は小を兼ねるかなと甘い期待で買ったが、カパカパでみっともなかった…
「サイズ大きいの？」と聞かれたことも。
半端に丈が足りず、ちんちくりん感のあるシャツワンピ。
骨格診断で私はマキシ丈が似合うとのこと。
丈は妥協できないポイントだとわかった。

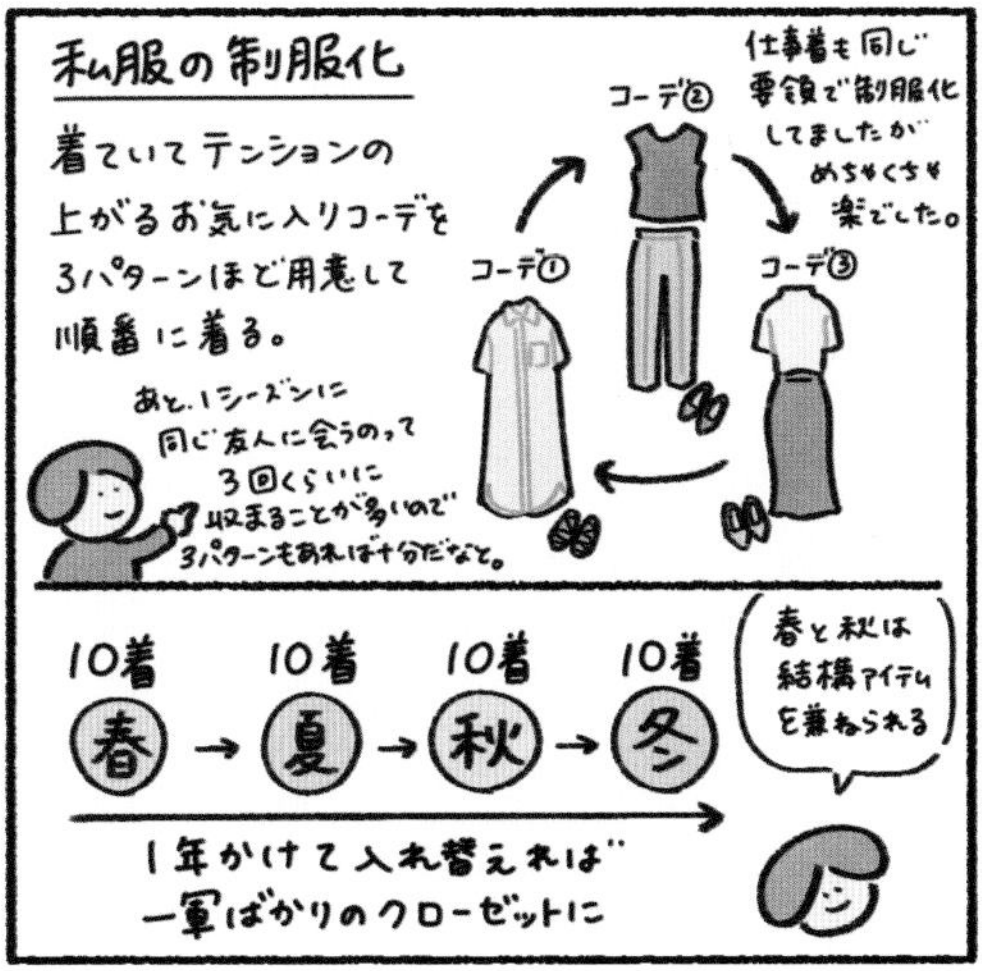
私服の制服化
着ていてテンションの上がるお気に入りコーデを3パターンほど用意して順番に着る。
コーデ②
仕事着も同じ要領で制服化してましたがめちゃくちゃ楽でした。
コーデ①
コーデ③
あと、1シーズンに同じ友人に会うのって3回くらいに収まることが多いので3パターンもあれば十分だなと。
10着
春
10着
夏
10着
秋
10着
冬
春と秋は結構アイテムを兼ねられる
1年かけて入れ替えれば一軍ばかりのクローゼットに

こんな現状を打開したいと思い、クローゼットの服を一軍に入れ替えていくことにしました。

まずは、1シーズンに3パターン程度の自分を魅力的に見せるコーディネートをつくり、それを制服のように順番に着るという「私服の制服化」に取り組むことにしました。これなら1シーズン10着前後あれば回ります。一軍のアイテムだけがクローゼットにある状態にしておけば、微妙な格好で出かけて気分が下がることがなくなります。1年かけてそれぞれの季節で制服化をし、クローゼットをすっきりさせました。

その結果、毎朝の支度で悩まなくなりました。また数が少ない分、買い物の際に1着1着に対して服選びの時間と予算というリソースをしっかり充てられます。加えて、季節が始まる前に服を買いきってしまうので、以降お店で惹かれる服があっても「自分はもう必要な分だけ服を持っている」と満足感を得られて、飢餓感がなくなり、節約にもなっています。

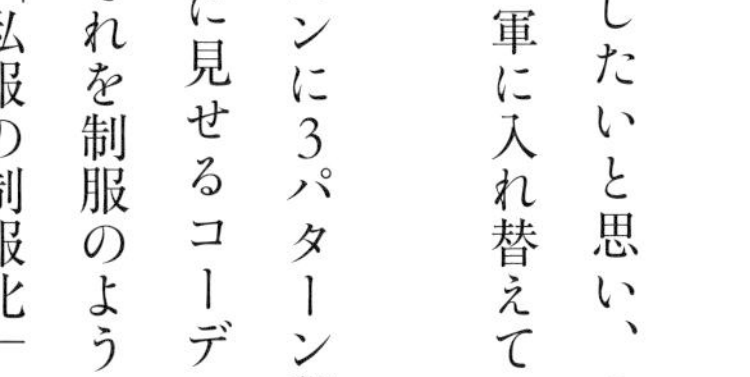
服の数が少ない分、リソースを割ける
服選びにかける時間
1着にかける予算
ブランド品を買うというよりは、セール前の色・サイズ豊富な時に買えて長く着られる！という感じ。
アウターや靴を除けば高けりゃ長く着るってもんでもないなと感じます。トップスは2年で買い替えるくらいの予算にしておくのが、生地の傷みと自分の中の旬の期間的に良いなぁと思う…

私の定番アイテム

旅を意識すると着やすいものがわかる

少ない数の服で暮らしている私の、ここ数年の定番アイテムを紹介します。どれも少ない数でも着まわししやすいものばかりです。

ボタン付きシャツワンピースは、前を閉めるとワンピースとして、ボタンを開けると羽織りものとして使えます。シアーワンピースは、ここ数年は初夏〜秋口まで1年の半分愛用しています。冬のアウターはロング丈とショート丈を持つようにして温度調節しています。天気予報を見て風の強い日はロング丈、暖かい日ならショート丈といった具合に、体感温度によって使い分けしています。

最近は
『友人との街歩き旅』
をイメージして服を選ぶことが多かったです。
コロナ前は特にこれがそのシーズンの一番の楽しみだったのでうきうきでコーデを考えてた。
そうすると自然と、全天候型で歩きやすくおしゃれな装いになるので。あと、
旅先には
シャツワンピが便利!
←前を閉めるとワンピースとして、
前を開けると→
羽織り的に着られて
1着で雰囲気を変えられるので便利。
そもそもアクセとヘアスタイルを変えたら同じ服でもガラッと雰囲気変わりますし。
ゴツめイヤリング→
きゃしゃなイヤリング→
←旅の1日目は巻いて
2日目は旅先のドライヤーでできるヘアスタイルで、とか。

5年以上
定番として着ている
ロングトレンチ
肩幅広い人間には「肩の切り替え」が命…。
green label relaxingのロングトレンチを着ていますが、
これに出会うまでは、トレンチを買っても結局着なくなっていました。
その理由は肩幅が広いのでほとんどのトレンチは肩がこって
着ていられず。ある時、ラグランタイプを着てみたら肩がラクで
これなら着られる！と感激。以来5年以上着ています。
切り替えがここだと
肩がこって、とても
着ていられないけど…
切り替えがラグランだと
肩がこらない！
シアーワンピースも便利。
中の服を
変えれば
雰囲気が
変わるので
旅のお供
に
よく
選《えら》ぶ。
軽いし
すぐ
乾くし…
靴は全天候型×1万歩あるけるもの
しか選ばない。
1万歩あるけない
靴は結局
履かなくなる。
出かけると
大抵
8000歩は
超えるので。
本革ではなくあえて合皮に
して雨の日も履けるようにしたり…
革だけど
雨OK！
本革の場合、雨・雪OKの加工を選《えら》ぶ。
チャーチのポリッシュドバインダーカーフを愛用してます。
メッシュから
水が入る！
以前、ランニングシューズをスニーカーと
兼用していて、旅先に履いて行ったら
急な雨で水が染み込み放題で
困りました。旅先ってどこかのタイミングで
降ること多いし…。全天候型の靴
でないと不安で、結局履かなくなるんです
よね。

コーデ単位で計画を

服選びは楽しみな予定とセットで考える

最近は、コーディネート単位で服を考えるようにしています。例えば、紙にこの先３ヶ月の楽しみな予定を書き出してみてください。友人と旅行、推しの舞台に行く、のように。そして、そのイベントで何を着たいか考えます。例えば「舞台のイメージカラーが青なので青と白のストライプのスカートの装いがしたい」と考えたら、雑誌やＷＥＡＲでイメージに近いコーデをクリップ。そして手持ち服と照らし合わせて、自分ならどんなコーディネートをしたいか考え、買い足す必要のあるアイテムがあればリストアップ。そんなふうに楽しみな予定とセットで考えれば服選びが楽しくなる気がしませんか？　また仕事着の場合は内勤・外回り・会議などＴＰＯに応じてカジュアル・きれいめの比率を考えましょう。

見せる人がいるから装うんだと思う…
ポストアポカリプス（文明退廃後の終末的世界）
みたいな感じ(?)で
家で1人で生き残って
誰にも会わないと
なったら もちろん
化粧もしないし
寝間着とか同じ服をずっと
着てるだろうな…という想像を
します。やっぱり装うって
"社会"や"見せる人"がいるからする
社会的行為なのかな〜と思う。
どんな状況？
ずっと
スウェット＋毛布で
暮らしてそう…

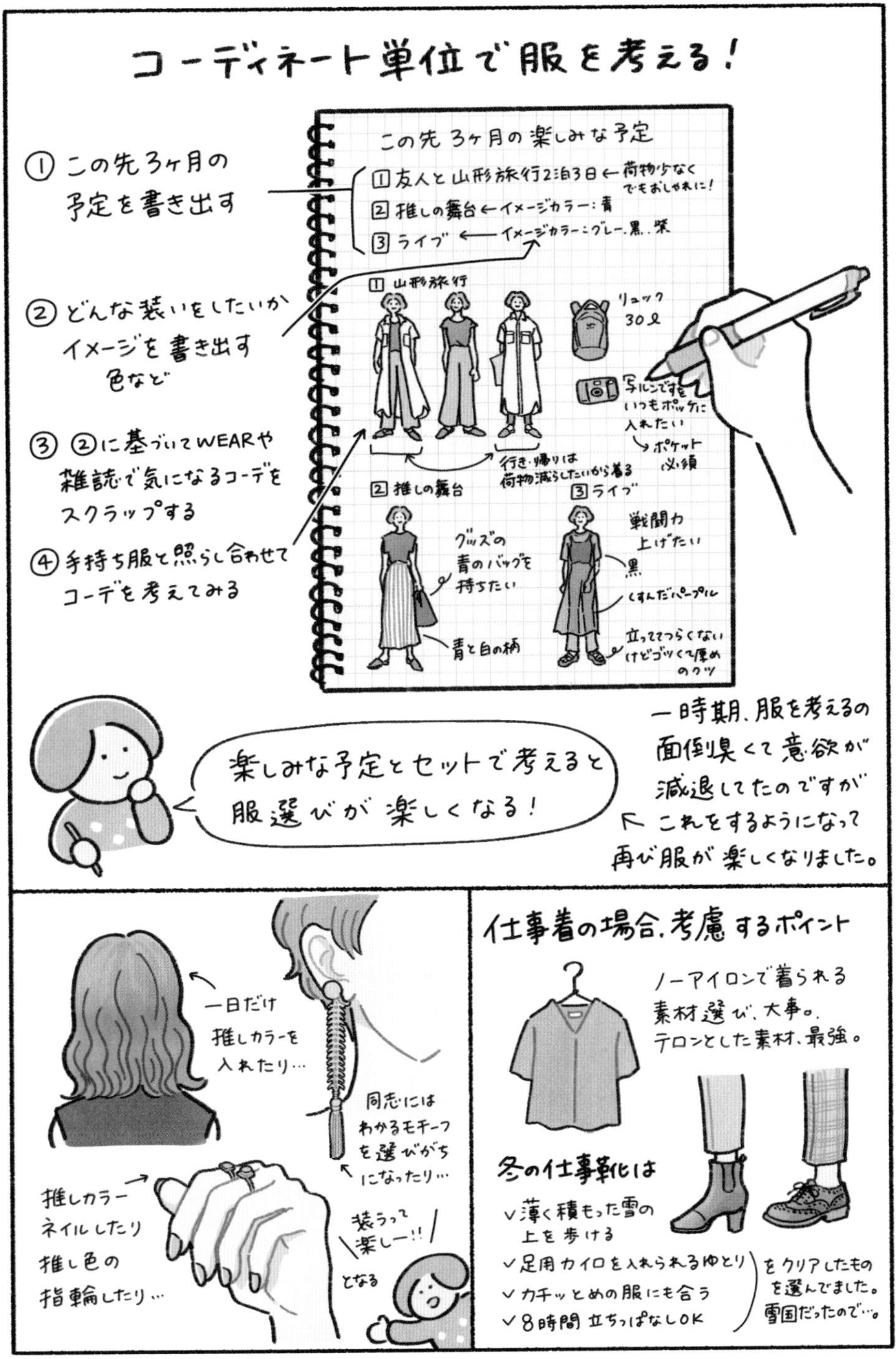
コーディネート単位で服を考える！
①この先3ヶ月の予定を書き出す
②どんな装いをしたいかイメージを書き出す 色など
③ ②に基づいてWEARや雑誌で気になるコーデをスクラップする
④手持ち服と照らし合わせてコーデを考えてみる
この先3ヶ月の楽しみな予定
1 友人と山形旅行2泊3日←荷物少なくでもおしゃれに！
2 推しの舞台←イメージカラー：青
3 ライブ←イメージカラー：グレー、黒、紫
1 山形旅行
リュック 30ℓ
写ルンですをいつもポッケに入れたい
→ポケット必須
行き・帰りは荷物減らしたいから着る
2 推しの舞台
グッズの青のバッグを持ちたい
青と白の柄
3 ライブ
戦闘力上げたい
黒
くすんだパープル
立っててつらくないけどゴツくて厚めのクツ
楽しみな予定とセットで考えると服選びが楽しくなる！
一時期、服を考えるの面倒臭くて意欲が減退してたのですが これをするようになって再び服が楽しくなりました。
一日だけ推しカラーを入れたり…
同志にはわかるモチーフを選びがちになったり…
推しカラーネイルしたり
推し色の指輪したり…
装うって楽しー!!
となる
仕事着の場合、考慮するポイント
ノーアイロンで着られる素材選び、大事。
テロンとした素材、最強。
冬の仕事靴は
✓薄く積もった雪の上を歩ける
✓足用カイロを入れられるゆとり
✓カチッとめの服にも合う
✓8時間立ちっぱなしOK
をクリアしたものを選んでました。
雪国だったので…。

「好み」と「似合う」で万事解決

買い物における霧が晴れる

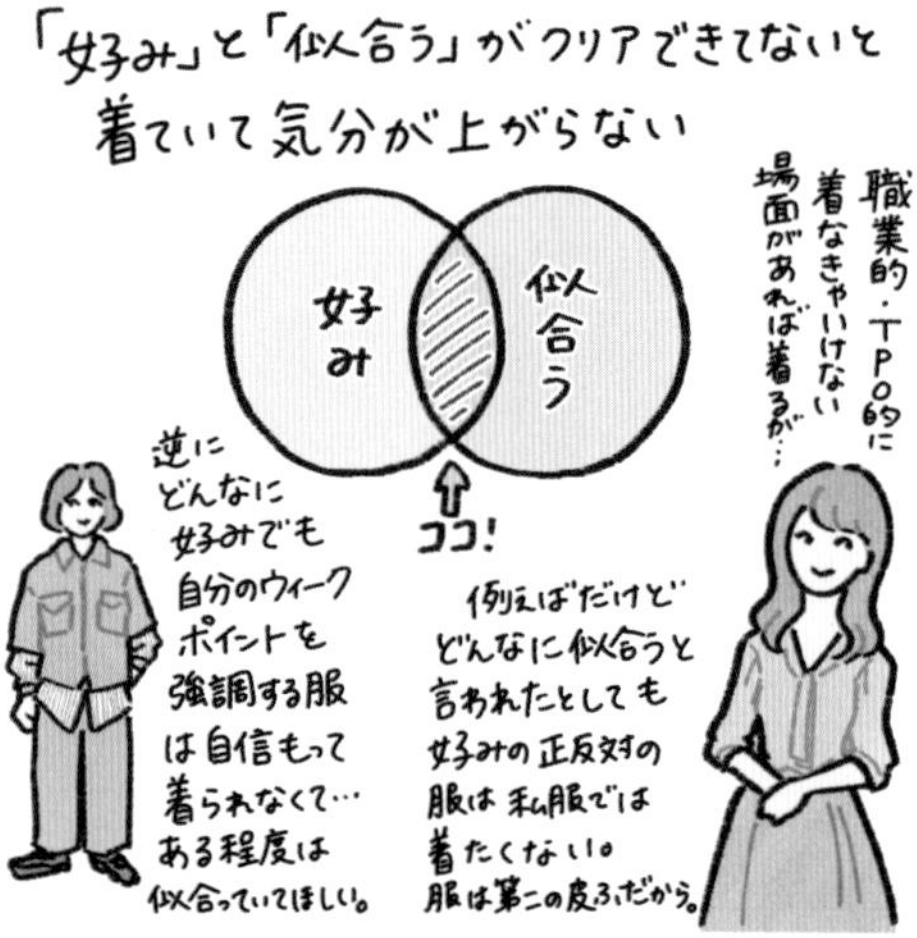
「好み」と「似合う」がクリアできてないと
着ていて気分が上がらない
好み
似合う
職業的・TPO的に
着なきゃいけない
場面があれば着るが…
逆に
どんなに
好みでも
自分のウィーク
ポイントを
強調する服
は自信もって
着られなくて…
ある程度は
似合っていてほしい。
ココ!
例えばだけど
どんなに似合うと
言われたとしても
好みの正反対の
服は私服では
着たくない。
服は第二の皮ふだから。

私服の制服化を進める上で、どんなコーディネートをしたいのかわからなくなることもあると思います。そんな時は「好み」と「似合う」のふたつを知れば、服選びの指針になります。どれだけ好みでも、着る度に人から似合わないと言われたら着る回数も減ってしまいますよね。また、普段と違う服を着る時、これは似合っているんだろうかと不安な気持ちになります。似合う条件を知れば、自信をもって出かけられて、気分も上がります。また反対に、どんなにそのアイテムが似合うものであっても、好みでなければ着たいと思えないですよね。好みと似合うが両立していれば、結果的に長く愛用できます。このふたつを知れば、買い物における霧が晴れます。

まずは好みを知ること。就活では初めに自己分析をしてどんな業界・職種に進みたいか考えると思いますが、同様に服選びもまずは自己分析をすることをおすすめします。例えばきれいめカジュアルが好みだとすると、きれいめとカジュアルの比

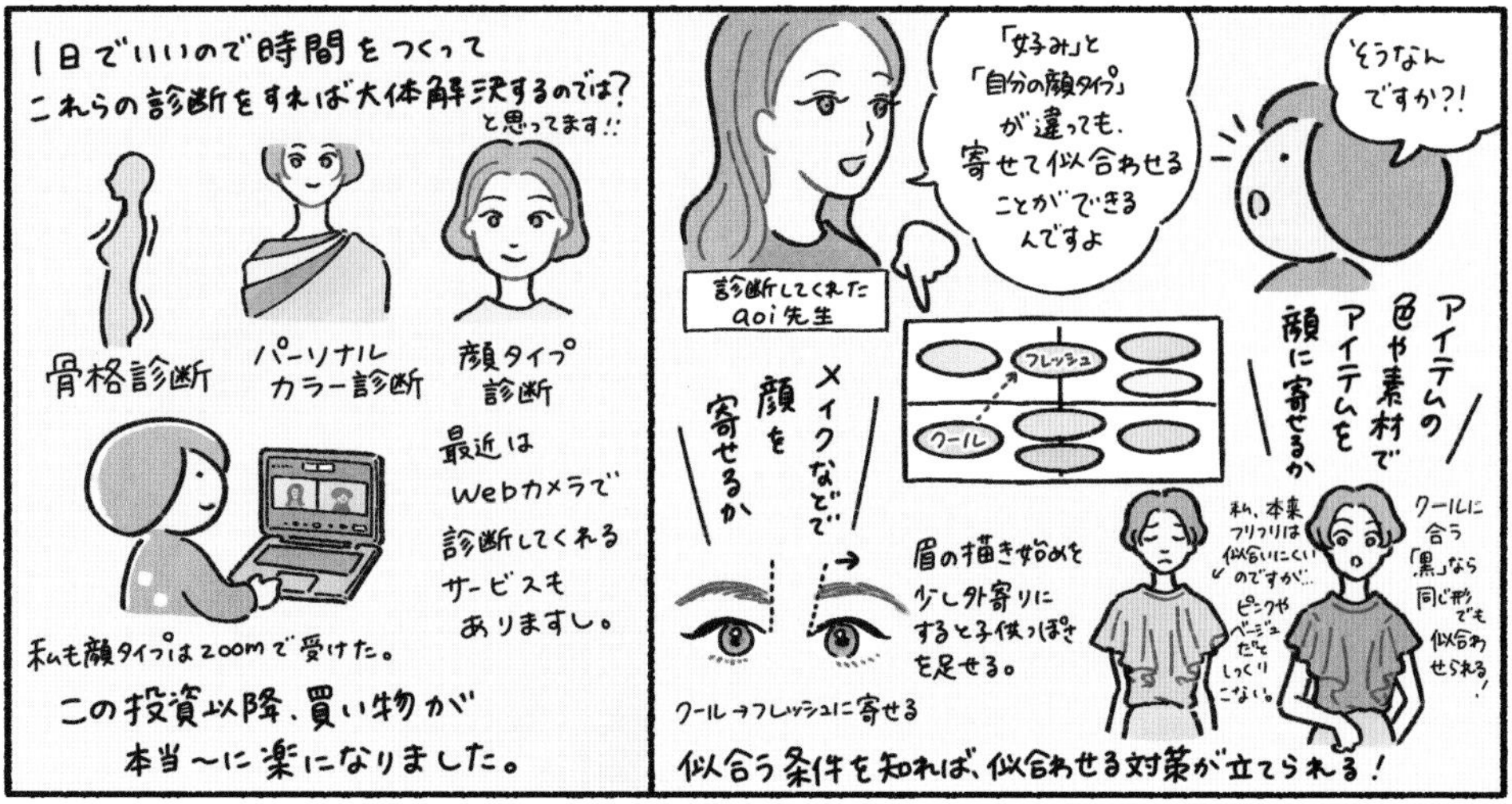

率が大事になります。気になるコーディネートをスクラップして、その装いのどの部分がきれいめ要素とカジュアル要素を担っているのか分析します。そしてどれくらいの比率が好みなのか探ってみます。加えて、アイテム選びの譲れないポイントも書き出しておきましょう。

次に「似合う」を知る作業です。似合う条件を知るには、骨格診断・パーソナルカラー診断・顔タイプ診断を受けるのがおすすめです。1日あれば3つの診断を受けられます。そこで得た知識は今後一生の宝になります。知識はおしゃれにおける心強い武器なのです。

私が顔タイプ診断を受けたイメージコンサルタントの先生は「理論で誰だっておしゃれになれる」と言っておられて、勇気をもらいました。好きなアイテムを似合わせるための対策を立てられるので、似合う条件を知ることは、おしゃれをする上での「縛り」ではなく「自由」を得ることだと考えています。

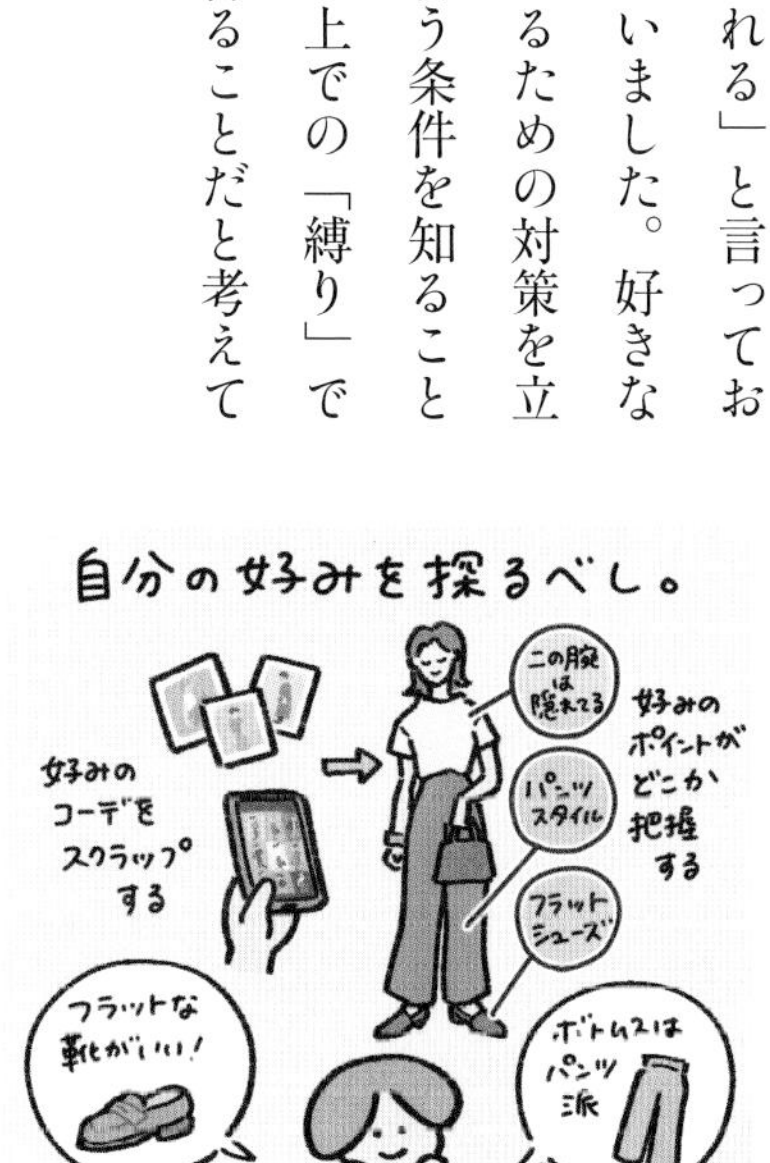
着たい・着たくないのこだわりを書き出してみると自分の好みが見えてきます。

ビューティケアの目標

光って見える人になりたい

光って見える人を見たことはありますか？　接客業をしていた頃、お客さまでたまに現れる光って見える人がいました。それぞれ年代も服装の系統も様々ですが、その人の周辺がパーッと光って見えるのです。共通して肌が発光しているみたいにきれいで髪が健康的でした。友人などに尋ねてみると、接客業の人で光って見える人を目撃したことがある人が複数人いました。私の美容の目標は、そんな光って見える人になることです。部屋の片付けと同じで、美容においても理想を意識することが大事ではないかと思います。私は推しを推す上で強く美しくありたいと考えています。ファンミーティングなどで推しに会う時に、気後れせずに楽しい気持ちでありたい、という気持ちがモチベーションのひとつになっています。

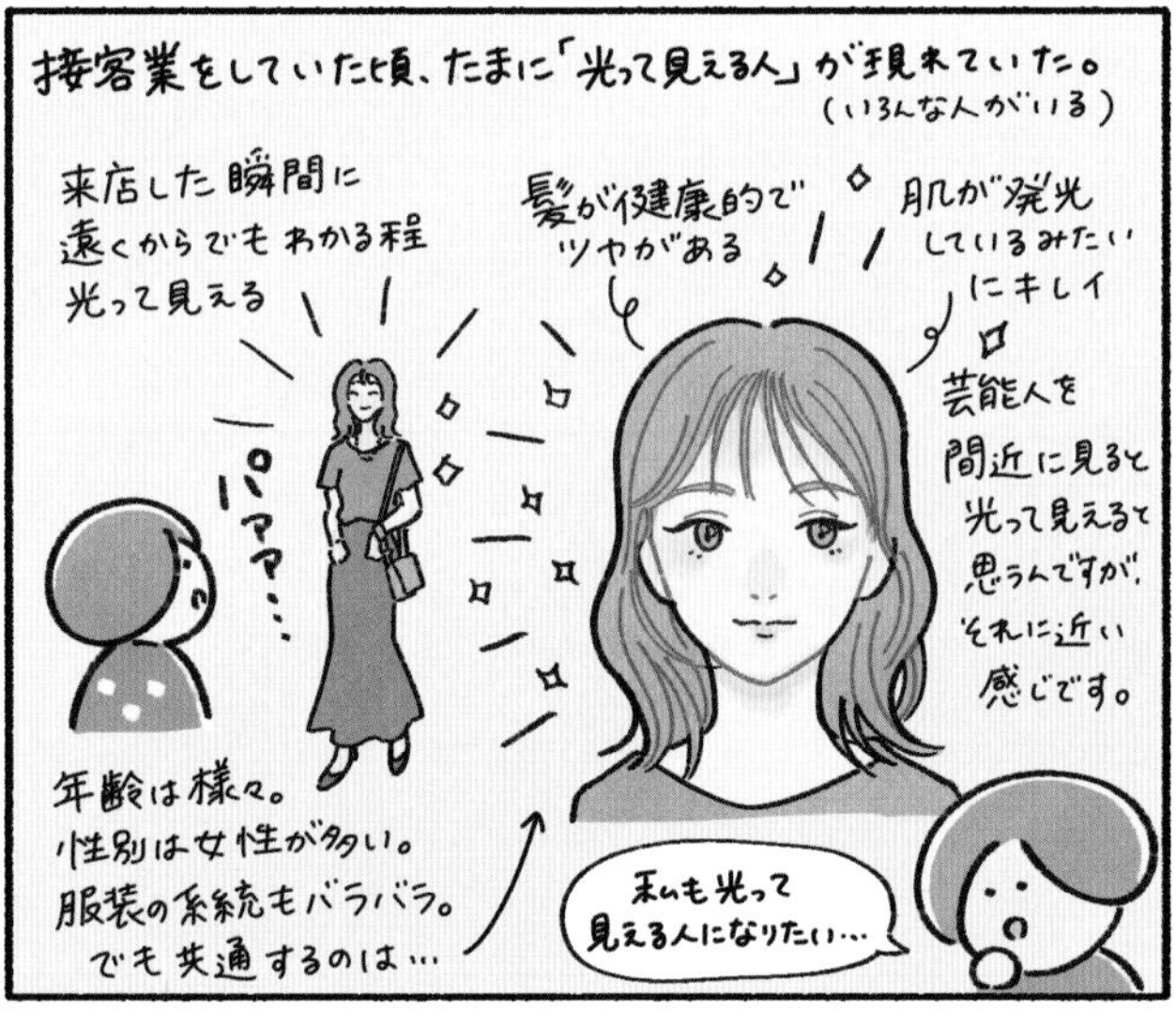
接客業をしていた頃、たまに「光って見える人」が現れていた。
（いろんな人がいる）
来店した瞬間に
遠くからでもわかる程
光って見える
髪が健康的で
ツヤがある
肌が発光
しているみたい
にキレイ
芸能人を
間近に見ると
光って見えると
思うんですが、
それに近い
感じです。
パァァ…
年齢は様々。
性別は女性が多い。
服装の系統もバラバラ。
でも共通するのは…
私も光って
見える人になりたい…

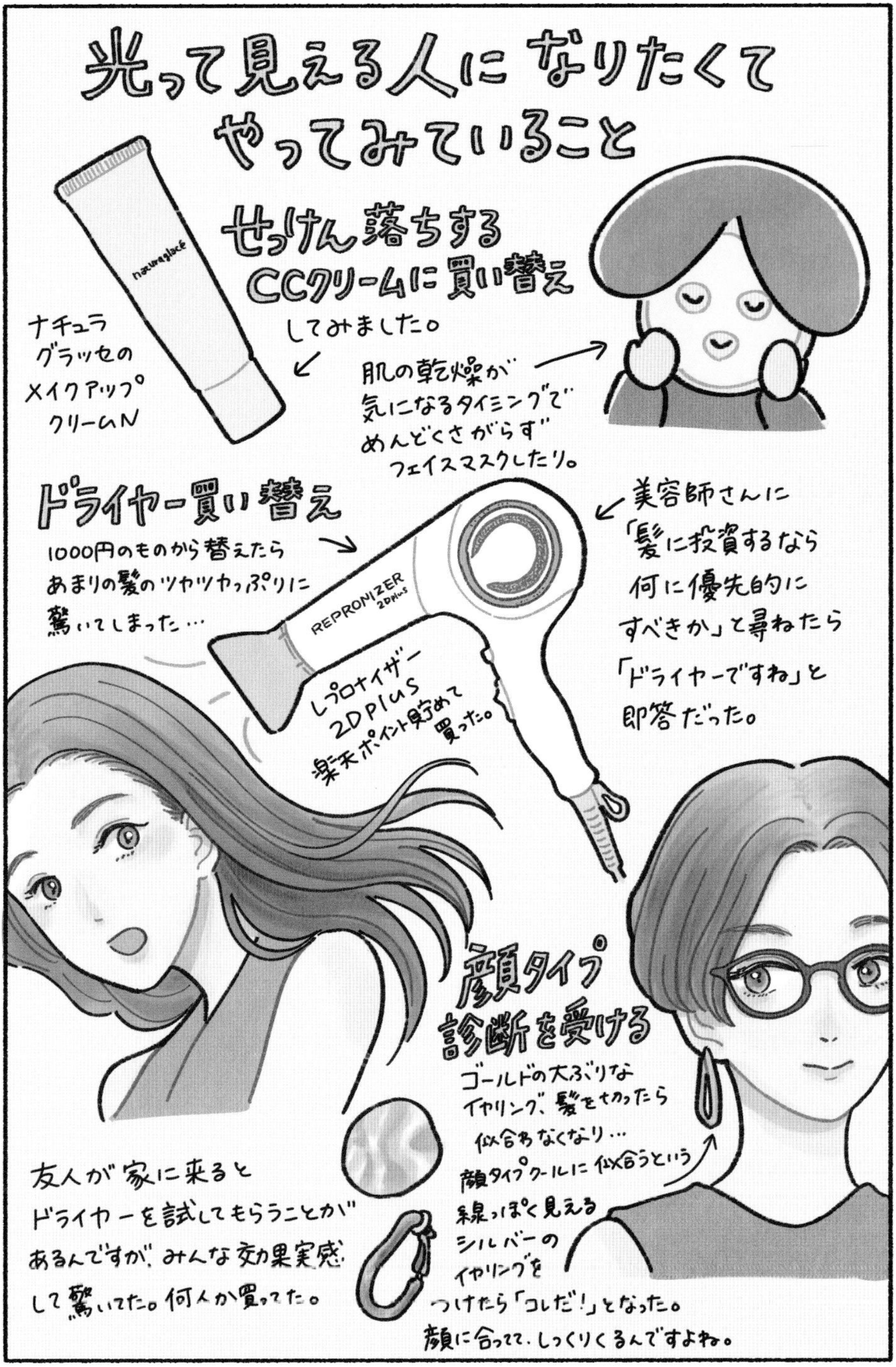
光って見える人になりたくて
やってみていること
naturaglacé
せっけん落ちする
CCクリームに買い替え
してみました。
ナチュラグラッセのメイクアップクリームN
肌の乾燥が気になるタイミングでめんどくさがらずフェイスマスクしたり。
ドライヤー買い替え
1000円のものから替えたらあまりの髪のツヤツヤっぷりに驚いてしまった…
REPRONIZER 2D Plus
レプロナイザー2D Plus 楽天ポイント貯めて買った。
美容師さんに「髪に投資するなら何に優先的にすべきか」と尋ねたら「ドライヤーですね」と即答だった。
顔タイプ診断を受ける
ゴールドの大ぶりなイヤリング、髪を切ったら似合わなくなり…
顔タイプクールに似合うという線っぽく見えるシルバーのイヤリングをつけたら「コレだ！」となった。
顔に合ってて、しっくりくるんですよね。
友人が家に来るとドライヤーを試してもらうことがあるんですが、みんな効果実感して驚いてた。何人か買ってた。

地方時代に見つけた買い物術

下調べを入念にして、1日で終える

地方に住んでいた頃、近くにユニクロとしまむら位しかなく、そこ以外で買い物したければ都市部に出るしかなく…
往復5時間
5千円
かけて買い物に行っていたので、1日で買わざるを得なかったのでした。
終バスの時間まであと1時間！
「今日買う」と決めたアイテムは絶対に買って帰ってました。決断力育ちます。
慣れると1日で買い物が完了するので楽でしたよ。

服ってどのタイミングで買っていますか？　前のページ（P50）でも書きましたが、以前は主にセールで買っていたので色やサイズに欠けがあり、何かしらを妥協した状態で服を選んでいました。今では、その季節が始まる前の最も在庫が豊富な時期に買うようにしています。定価にはなりますが、服は自分にとって旬な時期に何回着られるかが重要です。例えば夏服を定価で5月に買って8月末まで着るのと、セールで7月末に買って8月末まで着るのなら前者の方が着られる回数が多いです。どちらにせよ、5月から7月末までの期間も夏服は必要な気温なので、早めに買っておいた方が出かける際に困りません。加えて、流行や好みの変化によって、同じ服が来年も自分にとって一軍かどうかはわかりません。またクローゼットに保管しているだけでも、ものは少しずつ劣化します。自分にとって旬なうちにたくさん着られる方がお得ではないでしょうか。

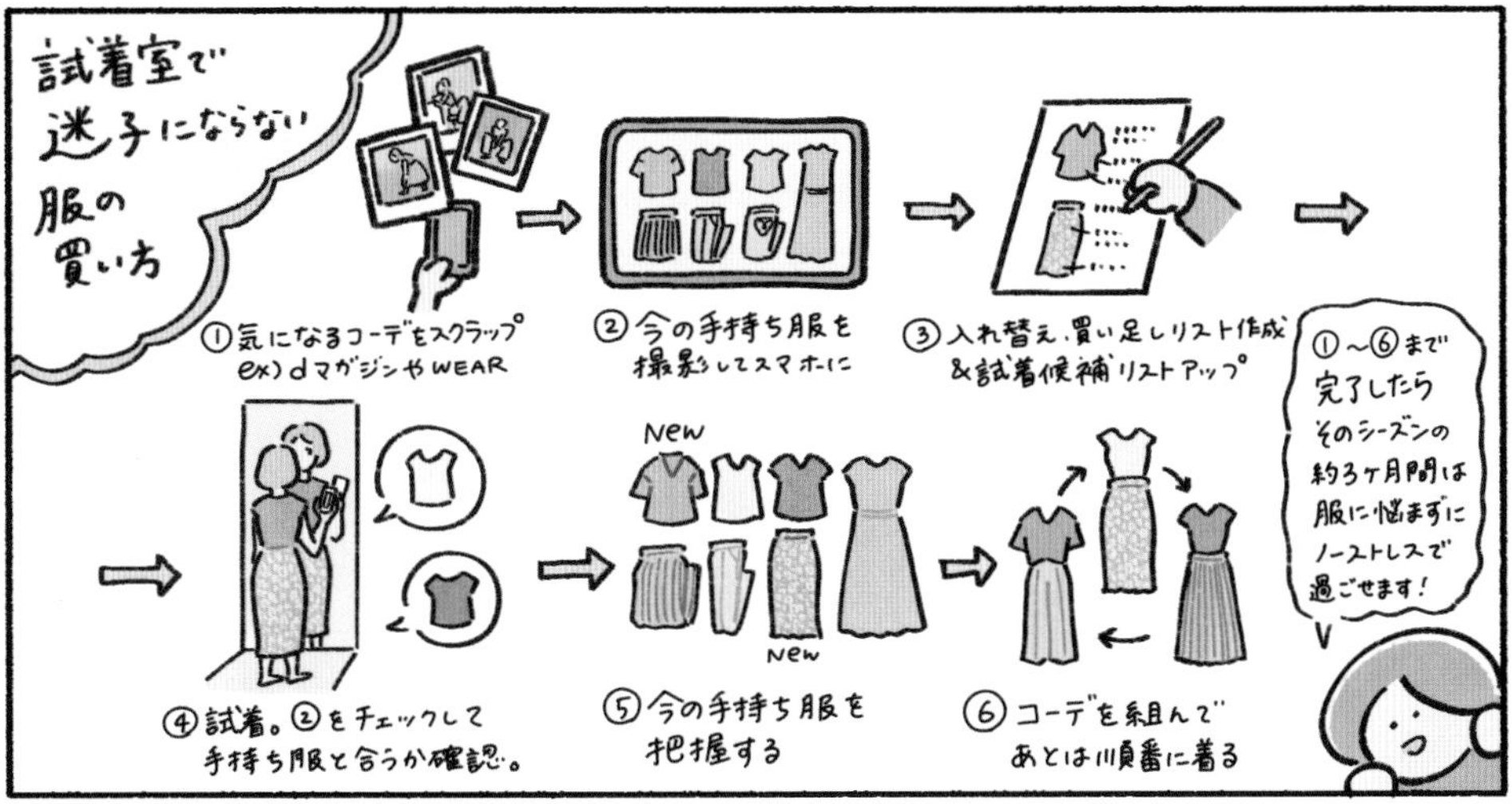
試着室で迷子にならない服の買い方
①気になるコーデをスクラップ
ex) dマガジンやWEAR
②今の手持ち服を撮影してスマホに
③入れ替え、買い足しリスト作成&試着候補リストアップ
①〜⑥まで完了したらそのシーズンの約3ケ月間は服に悩まずにノーストレスで過ごせます!
New
New
④試着。②をチェックして手持ち服と合うか確認。
⑤今の手持ち服を把握する
⑥コーデを組んであとは順番に着る

私の試着室で迷子にならない買い物方法を紹介します。季節が始まる前に、気になるコーディネートをスクラップします。次に昨年から持ち越した手持ち服をリストアップし、買い足し・買い替えしたいアイテムを書き出します。そしてアイテムの候補をリストアップします。買い物日を設けて1日で試着してまわります。目星をつけたリスト1位のものは着てみると案外何かしら似合わないことが多く、試着してみないとわからないと感じます。最もしっくりきたものを購入し、手持ち服と合わせてリストにします。コーディネートをいくつか組んで制服をつくり、あとは順番に着るという流れです。

今はいつでも買い物に行ける街に住んでいますが、効率的なので変わらずこの方法で買い物しています。買い物日以降に街を出歩いても、必要なものを必要な分だけ持っている、という満足感が得られるため、衝動買い防止になっています。

一日で買い物を終える良さは、その日以降「100%ウィンドウショッピング」ができること。ちょっと気になるものがあっても
今年の夏はもうお気に入りの10着があるから
と思えるので買おうと思わない
セール品ちょこちょこ買いの積み重ねが出費として大きいのだ。

「飾りもの」で暮らしに彩り

くつろげる部屋の大切な要素

汚部屋から脱出する上で、なくても暮らせそうなものはどんどん手放してきました。それでも残してきたのは絵などの飾り物です。繰り返しになりますが、独房のような部屋にはしたくないなと思うのです。私の理想の空間はお寺にあるお庭拝観のお部屋。置いてあるのは座卓くらいで何もない印象を受けるけれど、不思議と何時間でもくつろいで過ごせてしまう。庭の自然が心地よいのはもちろん、壁に目をやると床の間に掛け軸と季節の花が生けてある。もてなしの心を感じます。何もないけれどほっとする理想の空間です。

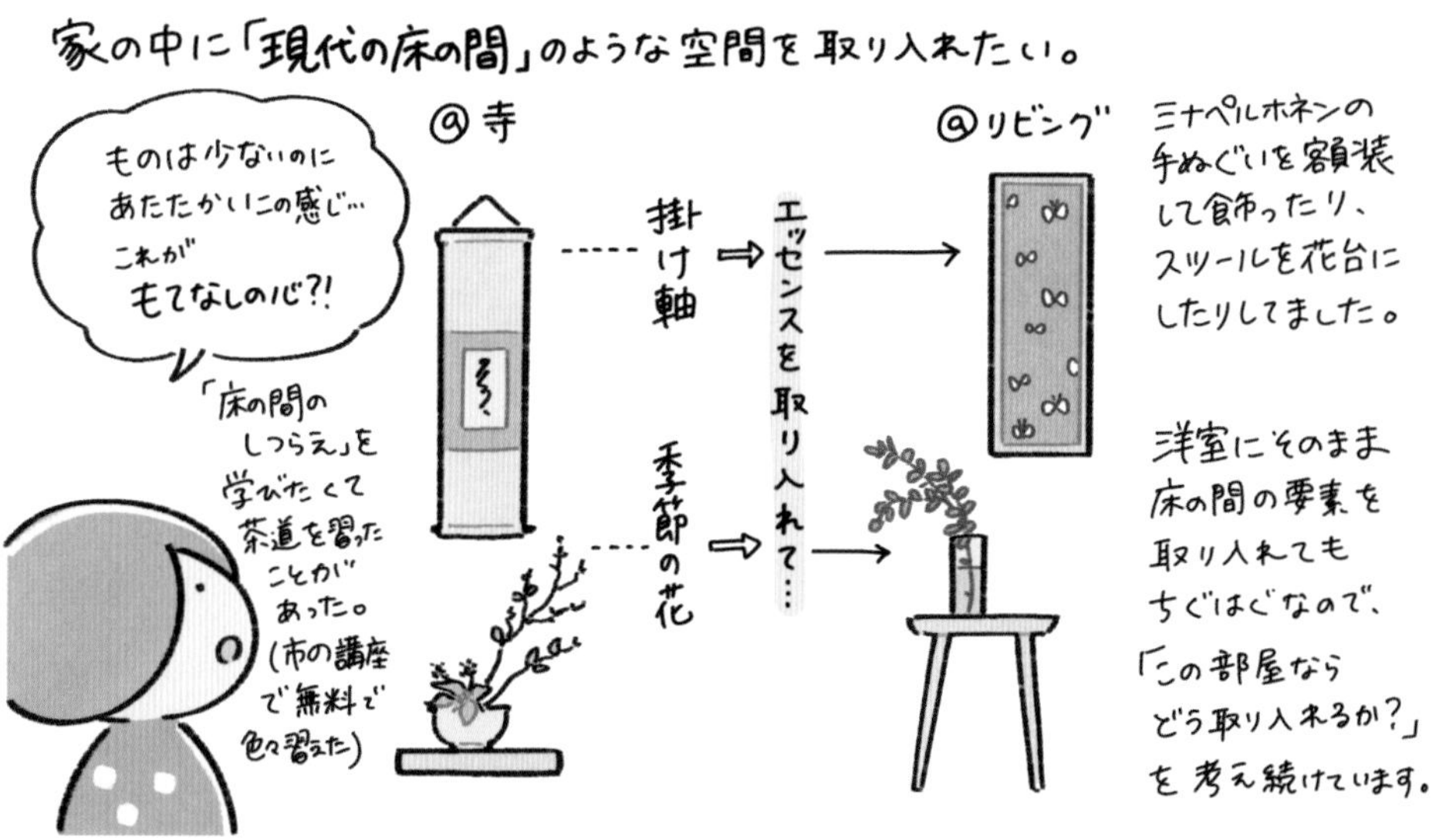

家の中に「現代の床の間」のような空間を取り入れたい。
ものは少ないのに
あたたかいこの感じ…
これが
もてなしの心?!
「床の間のしつらえ」を学びたくて茶道を習ったことがあった。(市の講座で無料で色々習えた)
@寺
掛け軸
季節の花
エッセンスを取り入れて…
@リビング
ミナペルホネンの手ぬぐいを額装して飾ったり、スツールを花台にしたりしてました。
洋室にそのまま床の間の要素を取り入れてもちぐはぐなので、「この部屋ならどう取り入れるか?」を考え続けています。

少なく暮らす生活でも 買ってよかったもの
花瓶…コップに生けてもいいのですが「一度花を生けた」と思うとなんとなく飲み物を入れて飲むのをためらってしまって…これが「ケガレ」という概念？

割と常に家に花あるし…

IKEAで買ったフラワーベース499円也。

花を生けたコップ
なんだかな…

推しができてから買ってよかったもの
フレームはおそらくメープル。

IDÉEでピカリのドローイングを買いました！7年くらいずっと買うか悩んでいた。

録画して何度でも観られるってなんて幸福…

テレビとブルーレイレコーダーは本当に買ってよかった。10年近く、録画せず生きてきましたが、推しの活躍は全て残したいし、心の癒やし…円盤も即DVDからブルーレイ派に。（高画質最高！）

Pink pepperの花のドローイングと同じ空間に飾ったら相性いいだろうな〜と思い購入。

飾りものは基本壁掛けで掃除の手間がかからないものを選ぶようにしてます。

ものがなくても季節を楽しむ

季節の楽しみとの向き合い方

季節は消え物で楽しむようになりました。以前は季節の雑貨をあれこれ買い込んで、クリスマスには卓上にツリーを飾ったり、ハロウィンが近づいたらかぼちゃを象《かたど》ったお菓子のケースを飾ったりしていました。しかし、季節の雑貨は出したりしまったりという管理が必要になります。また1年のうち飾っているのは約1ヶ月、使わない期間が長い割に収納の場所をとるので、たくさんあると管理が大変です。苦にならない範囲で季節を取り入れて、それぞれの生活スタイルに合わせた形で楽しむのが一番です。

我が家の消え物で楽しむクリスマス
スーパーとかで数百円の季節のブーケを飾るだけでクリスマス感が楽しめる。
ケーキはあってもなくてもいいので好きなごちそうを食べる。
生ガキとスパークリングとか
12月の一番の楽しみ。シュトーレン!!
ちょっとずつ切り分けて食べる。真ん中を切って食べ進めていくと乾燥しなくて良い。
密着
Spotifyは季節のプレイリストが充実していてありがたい。流すと気分が上がる。音楽の力はさすが…

今は消えものの楽さを優先していますが、
小さな子どものいる家庭で
情操教育として季節のものを
取り入れるというのは
素敵だなと思っています。
思えば自分も、幼い頃の
楽しい思い出のおかげで
今も12月を楽しい月だと
認識しています。
管理が苦にならない
範囲で取り入れられると良いですよね。
ツリーのてっぺんに星を飾るのってなんで？
なんでだろうねぇ…
アドベントカレンダーとかわくわくしますよね
中からお菓子が出てくる
24 11 23 19 21 6 22 5 10 3 8

1年のうち11ヶ月はしまってあるから
収納しやすいとうれしい…
シンプルな枝でも良い。
モミの木を切り枝で
買って即席ツリーに
するのもよし。かっこいいし。
収納しやすいクリスマス飾りのアイデア
木製のツリーは
折り畳んで
収納しやすい
ものが
いろいろ
あります。
カード＋ホルダーもよし。
収納しやすいし
カードも毎年
変えて楽しめる。

25年持っている水晶の話

必要じゃなくても手元に置きたいもの

光が当たると
天板の上に
光の線が
落ちるのが
キレイなんですよね。

必要じゃなくても手元に置きたいと思って置いているものがあります。例えば、リビングの収納の花瓶のそばという一等地に、手のひらで包んで隠せるくらいの大きさの水晶を置いています。宗教的な理由もパワーストーン的な意味合いも全くなくて、この石が好きで思い出も好きだからという理由で置いています。小学一年生の頃、妙に石が好きな時期がありました。幼馴染が石が好きで、賀茂川に落ちている綺麗な石から、「天空の城ラピュタ」に登場する飛行石のような架空の石まで愛好していて、彼と四六時中一緒にいた私も自然と石に興味が湧いていました。多分彼が石を大事に持っているのが羨ましかったんだと思います。夏休みに家族で鳥羽に旅行し、客船に乗りました。そこに石を販売しているお店があって、占いができそうなくらい大きな水晶玉から原石っぽい荒々しさのある紫水晶までいろんな石が展示してありました。そこで手のひらサイズの透明な水晶を親に買ってもらいました。旅から帰っ

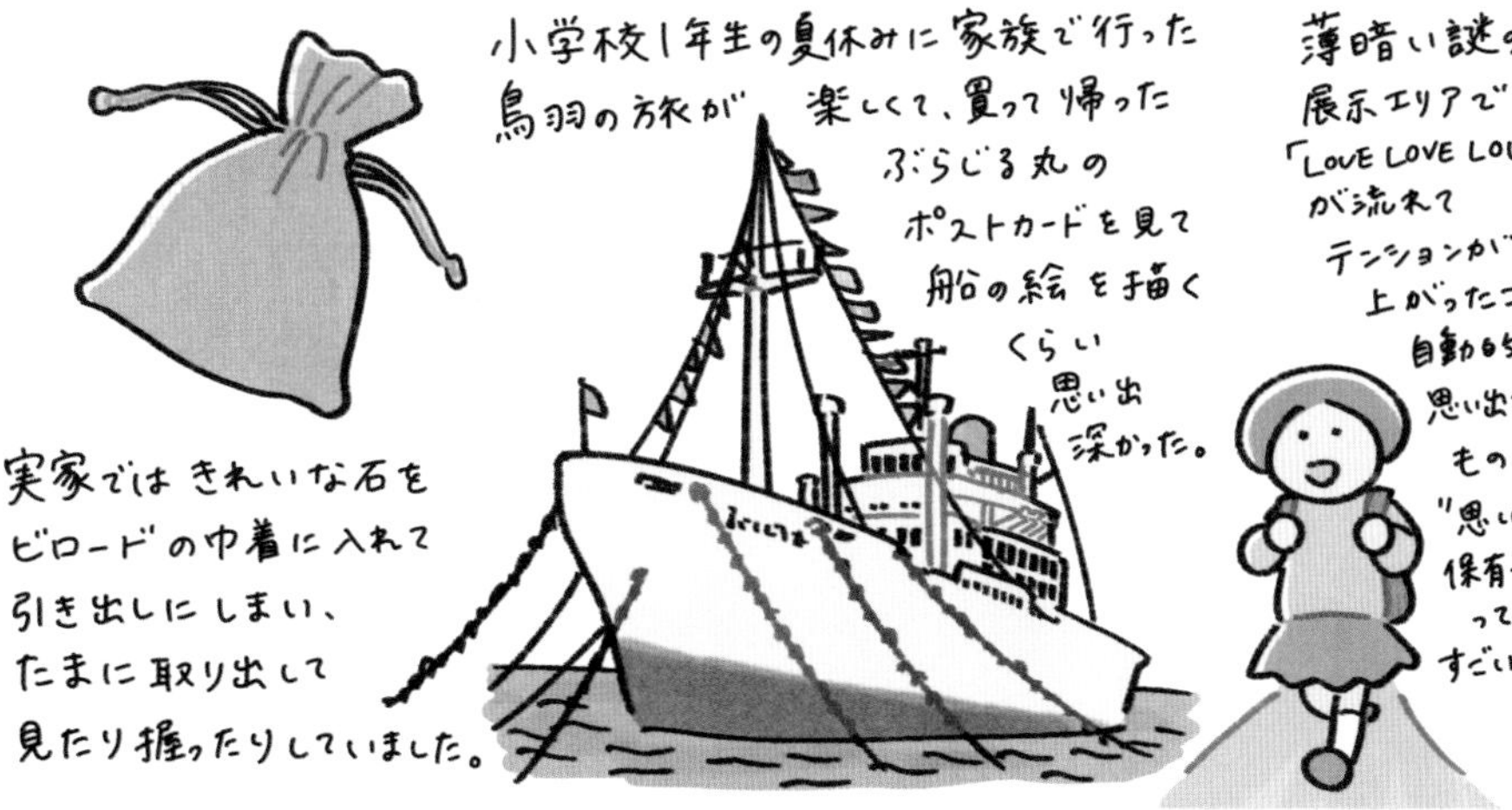
実家ではきれいな石を
ビロードの巾着に入れて
引き出しにしまい、
たまに取り出して
見たり握ったりしていました。
小学校1年生の夏休みに家族で行った
鳥羽の旅が 楽しくて、買って帰った
ぶらじる丸の
ポストカードを見て
船の絵を描く
くらい
思い出
深かった。
薄暗い謎の
展示エリアで
「LOVE LOVE LOVE」
が流れて
テンションが
上がったことも
自動的に
思い出される。
ものの
"思い出保有力"
って
すごい…

た後も、引き出しに入れて大事にしまい、折にふれ取り出しては光に当ててみたり手のひらで握ってみたりしていました。中学、高校、大学と進学して、さすがに小学生の頃ほど水晶を頻繁に取り出して愛でることはなくなっていましたが、今でもこの水晶を見ると、船の中の展示や、そこで流れていたドリカムの『LOVE LOVE LOVE』が頭の中で勝手に流れ出したりして、小学校一年生の夏休みを自然と思い出します。そういう心の動きも含めて好きなので、今も水晶をリビングの一等地に飾っています。多少角が傷ついているけれど、新しい綺麗な水晶を買って入れ替えたいわけでもなく、買い足したいわけでもなく、これだから意味があるというものです。私が生きている間は飾り続けるだろうけれど、価値があるわけでもないから死んだら捨てられてこの世からなくなるであろうものです。大体の持ち物がそうですが。光が当たると天板の木部に光の線が落ちて、25年経っても変わらず綺麗です。

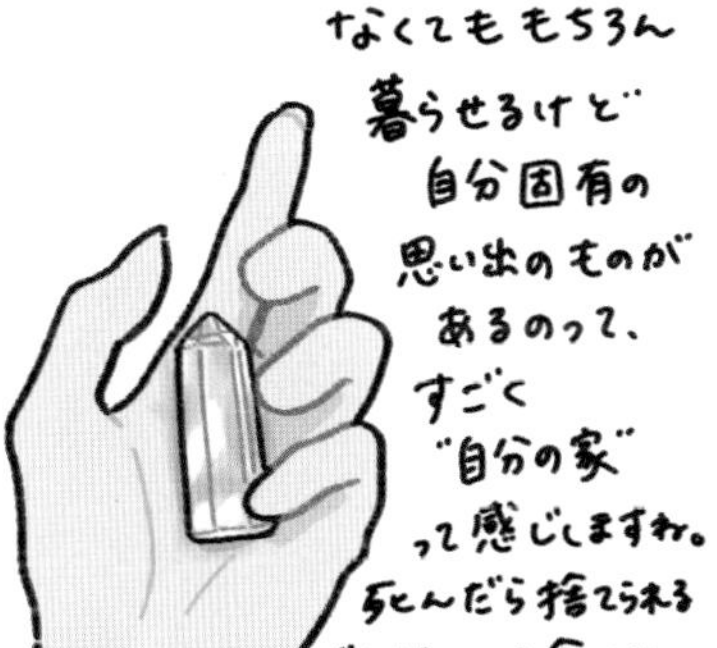
なくても もちろん
暮らせるけど
自分固有の
思い出のものが
あるのって、
すごく
"自分の家"
って感じしますね。
死んだら捨てられる
であろうことも含めて。

心の潤いを持っておく

推しを推す日々

私の場合、ものを少なく保つ目的は
自由時間を増やすためです!!
その「もの」を持つことによる
掃除・メンテナンスの手間
を手放せるので
時間を得られる
見栄
便利さ
自由時間
得た自由時間を
推し事に
充てている

私には推しがいます。同年代であるその人が素敵に歳を重ねていくところを見守るのが人生の楽しみになっていて、長生きしたいから健康に気を遣おうというモチベーションになっています。ところで、あなたのものを少なく保つ目的はなんですか？　私の場合は自由時間を増やして、その時間で好きなことをするためです。その好きなことの一つが、推しを見ることです。出演作品の円盤を観たり、推しの出ている雑誌のインタビューを読んだり、ブロマイドを眺める時間が幸福です。好きなものまで手放すつもりはありません。むしろ、好きなものを好きな分持てるように、他のそれほど興味のないジャンルやなくても大丈夫だと思うものを手放して空間を空けています。身軽だから得られた時間と空間で存分に推しを推したいと考えています。なので、推しの出ている雑誌や円盤は明確に「必要なもの」です。何度も同じ舞台を観に行くのは心の潤いであり仕事のモチベーションです。

後追い、どこまで過去を追う?!問題
過去のブロマイドは買うのか? みたいな…。中古市場で出てるのを見る度に悩んでました…
ここから ここまで
全部 推し…
過去のインタビュー記事の載った雑誌とか…キリがない…
今から過去全てを追うのはムリ!!
「全部知らなきゃ」という思いを手放す。
推し活も「今にフォーカス」が良いのかなと思う
私は現地でコンテンツを味わうのが断然脳汁が出るので、『今の推しを追う』のを優先してます。
過去は追える範囲で追う。

とはいえ、際限なくグッズを増やすわけにはいかないと考えています。収納は有限だし、すっきりした空間で暮らしたいのも確かなので。推しを推しながら身軽に暮らすことは可能です。むしろ推しがいる人こそ、無尽蔵に増えていかないように、あるいは見たいものをすぐに取り出せるように管理が必要になるはず。そこで、推しのグッズも上限を決めて持つようにしています。ひとまず無印の幅広ファイルケースに収まる分と決めてグッズを持ち、雑誌は一定期間所持したあとに表紙と推しのページを切り抜きして、他のページは手放すというルールにしています。円盤は配信サービスでも観られると思うかもしれませんが、バックステージ映像や特典映像があるのでこれは手放せません。増えたら他のものを見直して、収納場所を確保。今の推しを追うことを最優先とし、過去の推しのグッズ類はどうしても手に入れたいと思った場合のみ追いかけるルールにして、際限なく増えないようにしています。

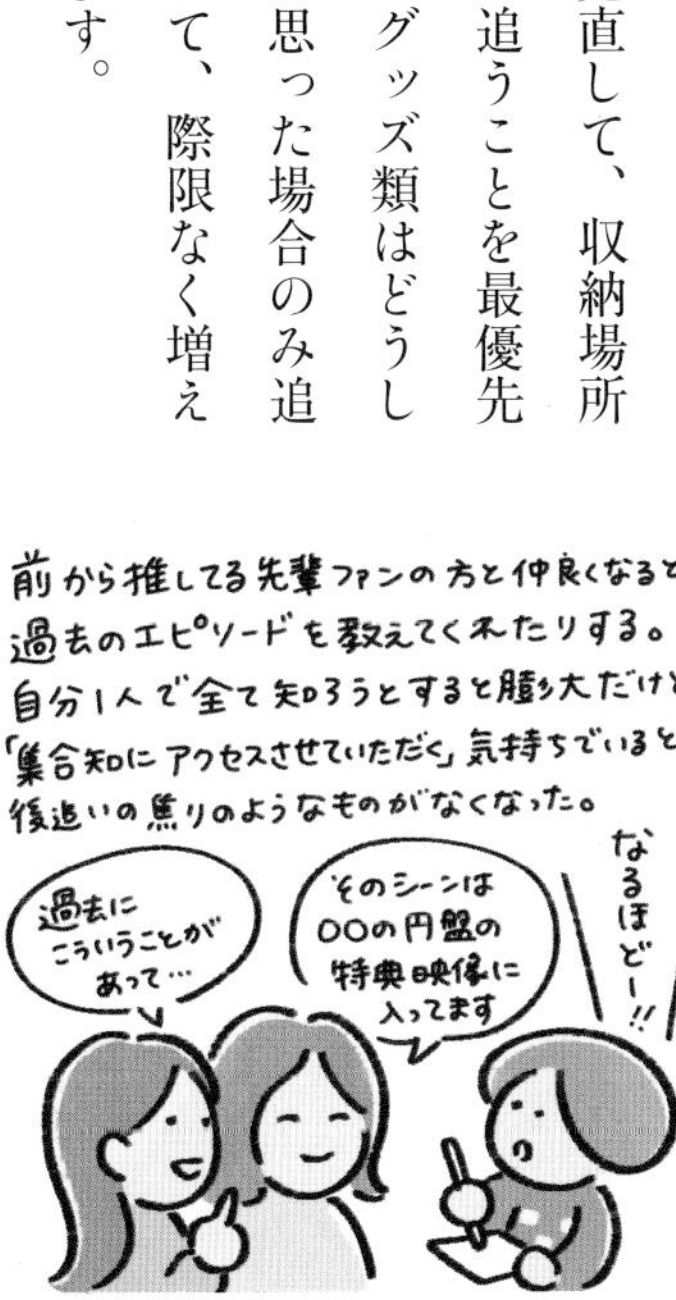
前から推してる先輩ファンの方と仲良くなると過去のエピソードを教えてくれたりする。自分1人で全て知ろうとすると膨大だけど「集合知にアクセスさせていただく」気持ちでいると後追いの焦りのようなものがなくなった。
過去にこういうことがあって…
そのシーンは〇〇の円盤の特典映像に入ってます
なるほどー!!

花があると片づけられる

サブスクサービスと暮らし

これは個人的片付けスイッチの1つなのですが、花を飾ると片付けしたくなります。旅先で綺麗な景色に出会ったら撮影するのと同じ感覚で、せっかく花を飾ったなら1枚写真に収めておきたいと思うのです。

いざ撮影しようとすると、花の周辺に不要なものが一時置きされていることに気づきます。写真に写り込む範囲くらいは掃除しようと考えて手を動かせば、花の周辺が片付き、心地よい空間になります。そして花の周辺を片付けているうちに掃除欲に火がつきます。部屋のように毎日視界に入るもの

せっかく花飾ったし写真撮ろっかな
花の周り思ったより散らかってるな…
片付けるか〜
カメラを向けると見慣れた部屋も客観的に見られる
キレイフィールド
花にふさわしい空間にする作用がある気がする

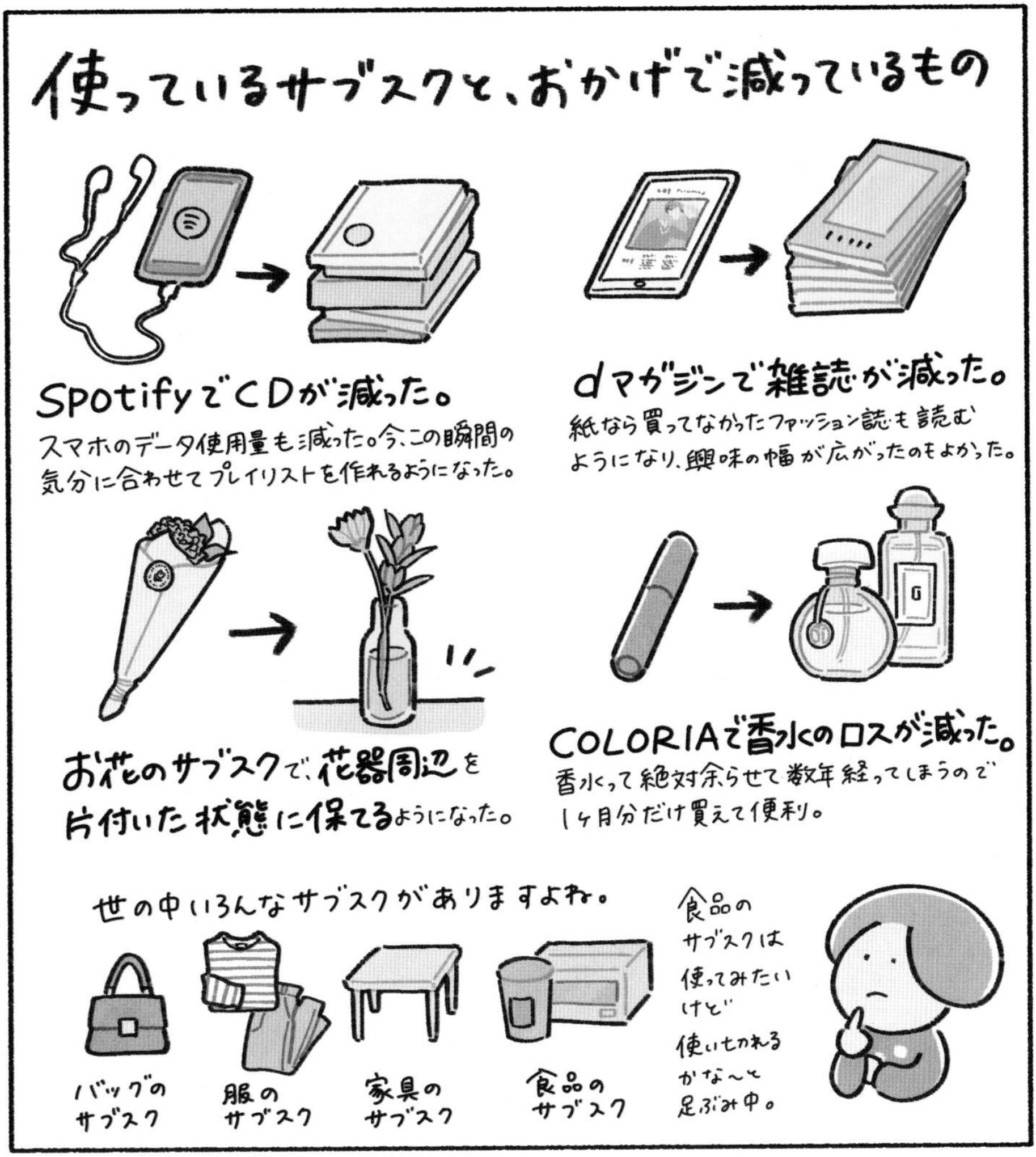
使っているサブスクと、おかげで減っているもの
Spotifyで CDが減った。
スマホのデータ使用量も減った。今、この瞬間の気分に合わせてプレイリストを作れるようになった。
dマガジンで雑誌が減った。
紙なら買ってなかったファッション誌も読むようになり、興味の幅が広がったのもよかった。
お花のサブスクで、花器周辺を片付いた状態に保てるようになった。
COLORIAで香水のロスが減った。
香水って絶対余らせて数年経ってしまうので1ヶ月分だけ買えて便利。
世の中いろんなサブスクがありますよね。
バッグのサブスク
服のサブスク
家具のサブスク
食品のサブスク
食品のサブスクは使ってみたいけど使いきれるかな〜と足ぶみ中。

は「見えているようで見えていない」という状態になりがちなので、カメラを向けてみることで客観的視点を取り戻せます。

昨年末からお花のサブスクを利用するようになりました。毎週末小ぶりな季節の花束が届くサービスで花の大きさや本数によってプランがありますが、私の頼んでいるものは１回５５０円のものです。初心者でも気軽に花を生けられます。毎週末、花を飾るついでに片付けしようという気持ちになるので、片付けスイッチを入れるいい習慣になっています。

好きなアイテム
LIST

□タカギの「超立体ショーツ」

□uniの「JETSTREAM」（ボールペン）

□Rollbahnの「FLEXIBLE」（ページが入れ替えられるロルバーン）

□アイリスオーヤマの「エアリーマットレス」

□金野タオルの「TSUMUGUタオル」

□A.P.C.のハーフムーンバッグ

□ティファニーの「バイザヤード」

□「NANOBAG XL」「NANOBAG mini」（エコバッグ）

etc...

自分の定番を見つけると、傷んでも同じものに買い換えればいいので安心感が大きいです。食い込まないショーツ、インク詰まりのないボールペン、超コンパクトでふわふわのタオルなど、どれもかゆいところに手が届くので重宝。傷むたびに同じものをリピート買いしています。

4章

すっきりが続く ルールづくり

片づく「仕組み」も大事

バッグの意外な活用法

友人A子
同棲はじめたんだけど相手がものを片付けてくれないの
一人一つ収納用バッグを持ってみるといいよ!
?
バッグ?
一人一つバッグを持って一時収納にしてみるという方法だよ
A子
B男
家の中のものって個人のものか共有のものに分けられるよね
個人
共有
個人と共有?
家電
ソファ・寝具…
服・アクセサリー 本 バッグ…
共有で使うもの
個人の持ち物
服や本は個人のものだし、家具や食器、家電は共有で使うよね
うんうん
洋室
和室
共有スペース
個人スペース
ものと同じように空間にも個人と共有の性質があるよね
トイレとかキッチンとかリビングは共有だし、寝室や収納は個人スペース。

人はものと一緒に移動してきて活動するわけだけど
脱いだ服
タブレット
マグカップ
お菓子
本
プリント
その人が立ち去った後にものだけが残ると「散らかってる」と認識するよね
どこに戻していいかわからないから困るよね
しかも勝手に片づけると「あれどこいった」って後々までものの責任を問われるし
そこで用意するのが一人一つのバッグ
A4サイズくらいでいいと思う
共有スペースに放置されたものを個人のバッグに一時片付けします
ご飯ができた！置く場所を確保しないと！という時などに助かる
どこに戻すか考えずに一時片付けが可能です
「あれはどこにいった？」と聞かれても「あのバッグの中！」と答えればOKだから後で困りません
あれどこ？
全部あの中！
それよさそう！
一回試してみて
手持ちのバッグでできるよ

リバウンドしがちな人へ

「定数・定量」を意識する

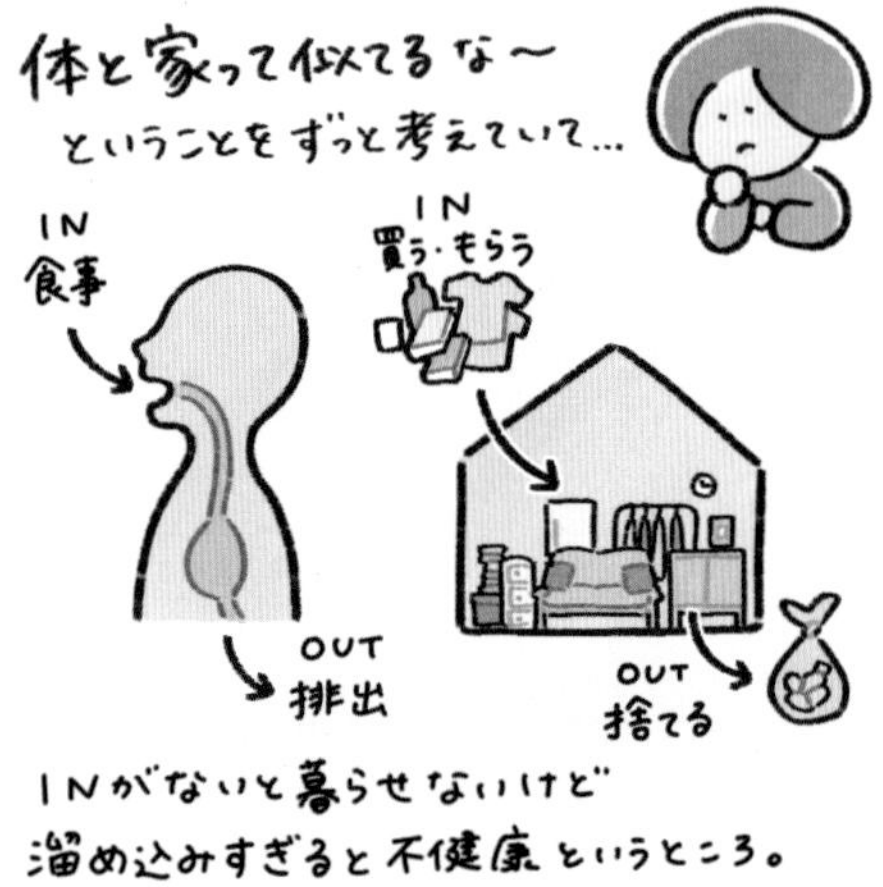
体と家って似てるな〜
ということをずっと考えていて…
IN
食事
IN
買う・もらう
OUT
排出
OUT
捨てる
INがないと暮らせないけど
溜め込みすぎると不健康というところ。

せっかくものを減らしても物量がリバウンドしては片付けのいたちごっこ。リバウンドしがちな方へいくつかの考えを伝えたいと思います。

家と体は似ています。人は生きていくために食べる必要がありますが、食べるばかりで排出しなければ不健康ですよね。必要な栄養素を取り込んだら、不要になったものを排出します。家も同じように、必要なものが一時的に家の中に入ってきますが、使用して不要になったら手放す必要があります。ものを増やすばかりで減らすことをしなければどんどん物量が増えて、部屋を清潔に保つことが難しくなっていきます。家も体と同じように、ものが増えたら減らす必要があるのです。このことを頭に入れておくだけでも片付けが進むのではないかと思います。

また、リバウンドしないためのコツとして、「定数・定量」という考えをインストールすると物欲のストッパーになり、ものが増殖していくのを防げます。家も体重計

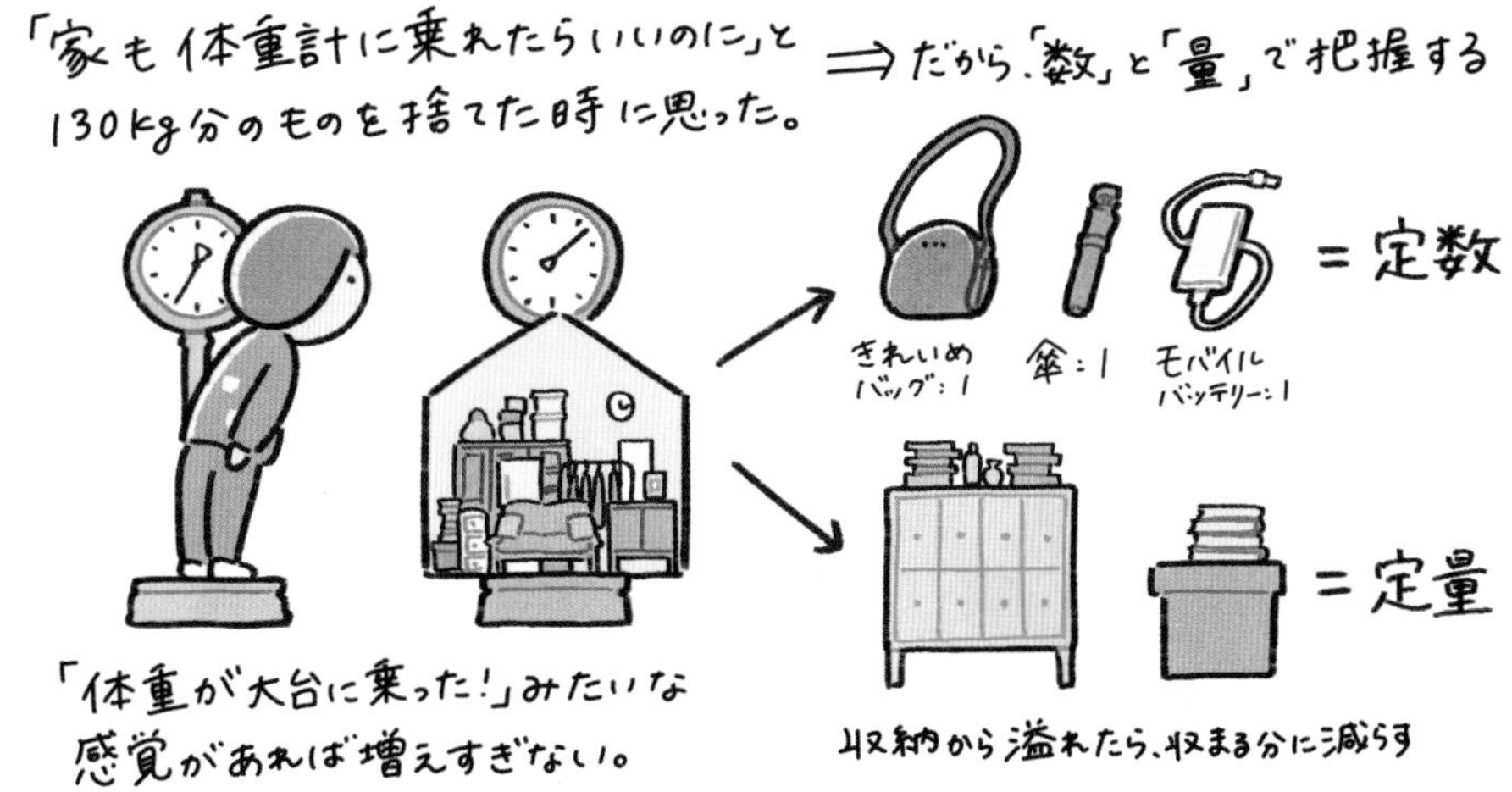
「家も体重計に乗れたらいいのに」と
130kg分のものを捨てた時に思った。
⇒だから「数」と「量」で把握する
きれいめバッグ：1
傘：1
モバイルバッテリー：1
＝定数
＝定量
「体重が大台に乗った！」みたいな
感覚があれば増えすぎない。
収納から溢れたら、収まる分に減らす

に乗って総量が測れたらいいのですがそういうわけにもいかないので、もののジャンル別に数と量で把握します。

人の好みはそうそう変わらないので、行く先々で似たようなものに惹かれがちです。例えば以前の私は色のついたコットンバッグが好きで、行く先々で惹かれる度に買って家には似たものばかりあるものの、きれいめのバッグは1つもない、というように持ち物に偏りがありました。バッグは用途別に1つと定数で決めておけば、似たものに惹かれた時に「この用途のバッグはお気に入りを既に1つ持っている」と気づけて冷静になれます。必要なものを必要な分持っているという満足感を得られ、これが物欲のストッパーになり、同じようなものを買うことがなくなり節約になります。

もし手持ちのバッグと比較して新しいものを買った方がいいと考えた場合、1イン1アウトして入れ替えれば、アップデートしつつ物量が増えるのを防げます。

行く先々で好みの
バッグに出会ったら
毎度惹かれる
けど…
「自分はもう
お気に入りを
1つ持っている」
と思えるから、定数化は物欲のストッパーになる。

消耗品のストックは1つだけ

保管場所も貴重なスペース

消耗品はどれくらいストックしていますか？　2020年春はトイレットペーパーやマスクが買えずに苦しんだ記憶から「消耗品をストックしなければ不安」という思いが刻まれた方も多いのでは。私もこれら2つのストック数は見直しました。とはいえ、収納場所には限りがあるので、過剰な買い溜めはしないようにしています。

予備として備蓄しているものをストック、現在使っている消耗品をフローといいますが、フローに対してストックが多すぎると生活空間を圧迫してしまいます。例えば、数年分のせっけんを買ったとすると、確かに安く手に入るかもしれませんが、保管場所が足りなくなりますし、お肌の調子が変わって別のものに変えようとした時にストックの行き先を考えないといけません。また大量購入し

ストックが全くないと不安ではあるけれど、かと言って…
タオル30枚！
パジャマ8セット！
せっけん10年分！
肌の調子が変わった時
合うものに変えるのが
難しくなるし…
となると多すぎる…
場所もとるし
年にいくつ使い切って交換するのか？
を基準にストック数を決めるといいかと。
(洗剤とか頻度の高いものは「1ヶ月で」等の期間で見る)

2020年春、地方の友人と通話していた時の話
こっちはトイレットペーパーが全然なくて…
愛知在住
やばくなったら言ってくれたらトイレットペーパー送るよ〜！
元々ストックするタイプだったからいっぱいあるんだ〜
あっそうか
お互い助け合えばいいんだ!!
私も何か助けられるものあったら送るね
ありがと〜
いろんな土地に友人が住んでいるのってお互いにリスクヘッジになると気付いた出来事でした

ていると、何をいくつ持っているのか把握しきれなくなり、同じものを買ってしまったりと在庫管理が難しくなります。在庫管理のしやすさと使用頻度から、我が家では基本的にストックは各1つ、買い物形式によっては2つ（通販で2つ買うと送料無料など）としています。また、昨年春にトイレットペーパーが尽きそうになった時に、東海地方に住んでいる友人と通話中、「どうしても足りなくなったら送るよ」と言ってもらいハッとしました。いざという時は遠方に住む家族や友人と互いに助け合えたらいいんだと思えて、ストック恐怖症から抜け出せた感があります。

片付けスイッチをONに

散らかったときのお守り

片付けの音声配信を聞く
手放したものをSNSにUP
愛読書を読む
運気を意識
理想の部屋の画像検索
部屋の写真を撮る
片付けスイッチをONにする方法をいくつかもっておけばいいのだ！

生活しているとどうしても散らかるものです。特に仕事が立て込んだり家族が寝込んだりすると劇的に散らかると思いますが、年がら年中最高に綺麗な状態を保つ必要はありません。部屋の中にあふれた物量をもとに、人を招ける状態が1で汚部屋状態が10だとすると、定期的に片付けて何度でも1の状態に戻せばOKです。片付けのスイッチを入れる方法をいくつかもっておけば良いのです。

個人的な片付けスイッチをONにしてくれる方法をお伝えします。1つめは、実際にアップしなくてもいいのですが「SNSにアップするつもり」で部屋の写真を撮ること。画面の中の部屋の惨状が見えてきてギョッとします。生活していると見えているようで見えていない状態に陥りがちです。2つめは理想の部屋を画像検索すること。理想と自分の部屋のギャップがあぶり出されます。3つめは運気について考えること。死蔵品を持っていると運気が下がる、玄関が散らかっていると仕事

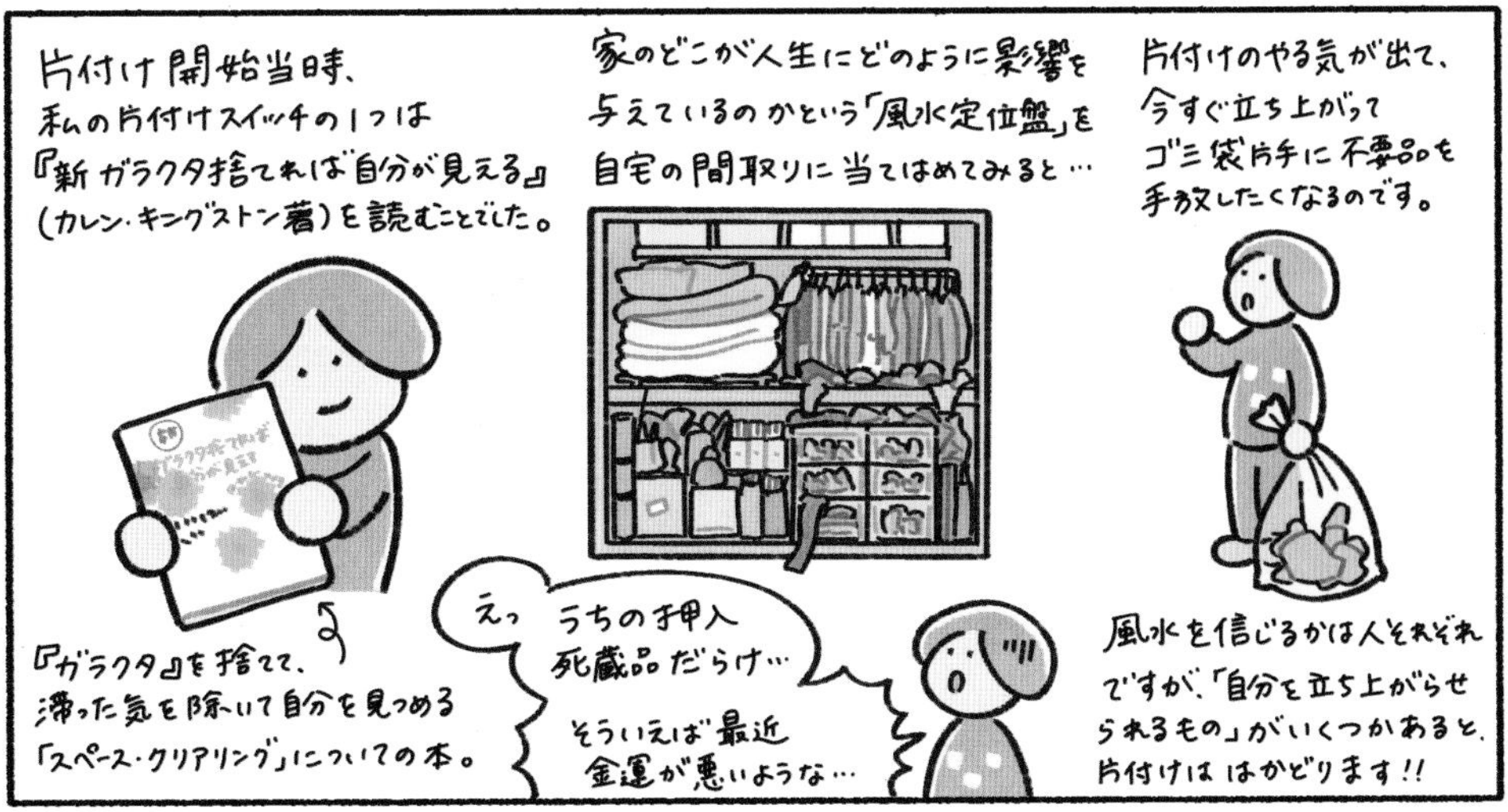
片付け開始当時、
私の片付けスイッチの1つは
『新 ガラクタ捨てれば自分が見える』
（カレン・キングストン著）を読むことでした。
『ガラクタ』を捨てて、
滞った気を除いて自分を見つめる
「スペース・クリアリング」についての本。
家のどこが人生にどのように影響を
与えているのかという「風水定位盤」を
自宅の間取りに当てはめてみると…
えっ うちの押入
死蔵品だらけ…
そういえば最近
金運が悪いような…
片付けのやる気が出て、
今すぐ立ち上がって
ゴミ袋片手に不要品を
手放したくなるのです。
風水を信じるかは人それぞれ
ですが、「自分を立ち上がらせ
られるもの」がいくつかあると、
片付けははかどります!!

の障害物となって仕事運が下がるなどといった運気についての文章を読むと尻に火がつきます。私の愛読書は『新 ガラクタ捨てれば自分が見える』（カレン・キングストン著）です。読むとゴミ袋片手に部屋中を駆けずり回りたくなります。４つめは、手放したものをＳＮＳに公開すること。１日１個ものを減らすと１年で３６５個分身軽になっている計算ですよね。でもこれを達成するには習慣にする必要があります。そこで手放したものをアップすることで、人に見られているという感覚がゆるやかな監視状態となり、続けるモチベーションになります。片付けの成果を振り返れるとやる気が出るので、もし公開アカウントはハードルが高いと感じたら非公開アカウントにアップするのでも良いと思います。他にもポッドキャストなどで片付けしている人の音声配信を聞くのもやる気が出るのでおすすめです。自分に合った片付けスイッチをいくつかもっておけると良いですね。

捨てたもの
一覧とか
週一で部屋の
写真を撮るとか。
片付けアカウントを
つくるのはオススメ！
非公開でもいいので
ひと目でがんばりを
振り返れて、
見る度に
達成感を
得られます。

片付けのきっかけをつくる

きっかけから行動を起こす

来客があると思うと普段先延ばし
にしてしまう掃除もできるんですよね…
換気扇フィルターカバー交換とか。
やっぱり来た人に不快感を
与えたくないし、
キレイにしてるって
思われたいから…
そう考えると
もてなし&見栄の力
ってすごいな?!と思うのでした。

部屋を片付けたければ人を招くべし。これが一番効果があると感じています。自分の片付けが甘いなと感じる時、例えば不要なものを手放そうとして実際に手放すことができずに部屋の片隅にものが積みあがったりしているような時にはふと「誰か家に遊びに来てくれないかな」と思います。その思考が引き寄せるのか、しばらく後に取材が入ったり友人が来ることになったりすることも多いので不思議なものです。人を招くと思うと、積みあがったものを計画的に手放していけるし、部屋の隅々まで拭き掃除をしたり、玄関の三和土をピカピカに磨き上げるぞという気持ちになります。

他にもゴミの日を片付けのきっかけにするのもおすすめ。定期的に部屋をすっきりさせられます。例えばおすすめなのは不燃ゴミの前日。地域によりますが隔週くらいの頻度で不燃ゴミの日が訪れると思います。せっかくのタイミングなので手放すか迷っていたものは判断を下そうとか、普段よりもやや大掛かりな整理整頓をし

私の片付けのきっかけ
不燃ゴミの前日
要らないもんはねえが〜
ナマハゲ気分(?)で歩き回る
ゴミカレというサービスでゴミの日の前日にメールが届く。
不燃ゴミの前日は要らないものがないかチェックします。
5月・10月は大掃除ならぬ「中掃除」をすることにしています。(気候のいい頃にやりたいから)
バルサンを焚くのも超片付く。ものを退避させついでに不要なものがあぶり出されて良い。
定期的にあるイベントと片付けをセットにできると習慣になるんですよね。

ようとか、片付けのモチベーションになってくれます。ついでに燃えるゴミとして出すものも併せて整理する気になるので、ぐっと片付けが進みます。私はゴミカレという、住んでいる自治体を登録するとゴミ収集の前日夕方もしくは当日の朝にメールが届く無料のサービスを利用しており、メールを見て「明日は不燃ゴミだ！」と知ったら片付け祭り開催です。他にバルサンなどのくん煙殺虫剤を焚くのもきっかけになります。ものをビニール袋に入れるなどして退避させていますが、その作業がかなり億劫です。手間をかけるほど必要なものなのか自問自答できるため、引っ越し作業並みに不用品整理がはかどります。家を一気にすっきりさせたい人におすすめの方法です。

生活していると自然とものは増えていくものの、「減らす」は後回しにしがち。何かのきっかけと片付けを紐づけておけば、定期的にすっきりさせられるので物量リバウンドを防げます。

「死蔵品を手放すと運気が上がる」等のブログやpodcastに触れると、やる気が出て、今すぐ立ち上がって掃除したくなる
ので、モチベーションを上げる記事などをリストアップしておくといいのかも。

押し入れをクローゼット化する

現在形の収納とその理由①

押し入れに服を収納するために工夫していることを紹介します。

・使用頻度別にものを配置する
・丈の長いものはハンガーを２本使って収納する

押し入れだとコートなどの丈の長い服の収納に困るのではと思うかもしれませんが、ハンガーの2本使いで棚板に擦らせることなく収納できます。また、引き出しの衣類はロール状に畳んで立てて収納し、目的のものをひと目で見つけられるようにしています。かさばる冬用の衣類は保管付きクリーニングを利用してスペースを有効に使えるようにしています。

冬物は保管付宅配クリーニングに預けています。

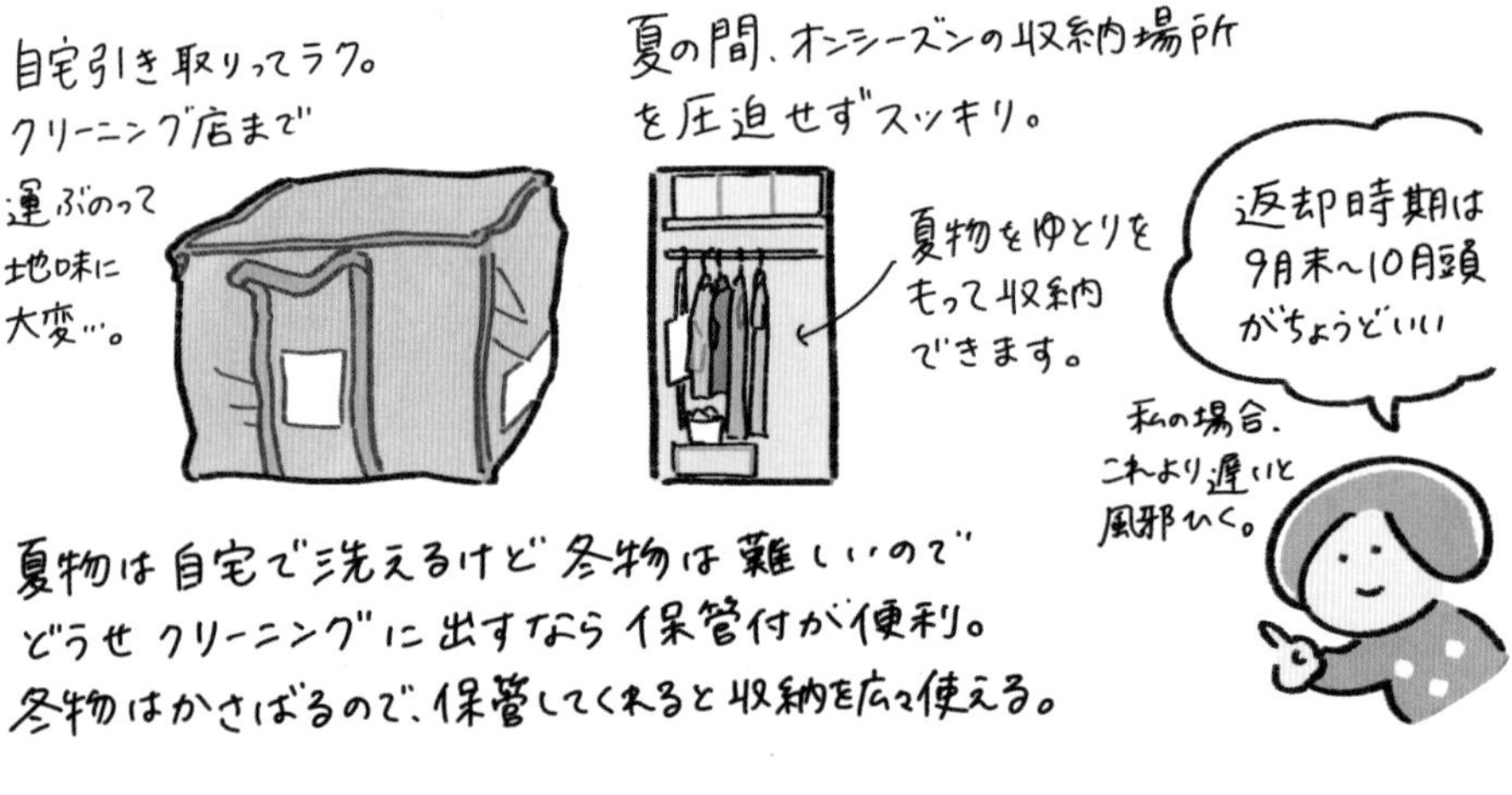

自宅引き取りってラク。
クリーニング店まで
運ぶのって
地味に
大変…。
夏の間、オンシーズンの収納場所
を圧迫せずスッキリ。
夏物をゆとりを
もって収納
できます。
返却時期は
9月末~10月頭
がちょうどいい
私の場合、
これより遅いと
風邪ひく。
夏物は自宅で洗えるけど冬物は難しいので
どうせクリーニングに出すなら保管付が便利。
冬物はかさばるので、保管してくれると収納を広々使える。

押し入れも怖くない
クローゼット化するコツ
使用頻度で配置
・オフシーズンのものは上に。
・オンシーズンのものは吊るす
＝取り出しやすく、畳む手間を極力省く
低
高（頻繁に使うものはここに）
中
丈の長い服も
ハンガー2本を
使ってS字に
吊るせば
裾を擦らない！
無印良品の
不織布のケースに
種類別に分類。
衣類はロール状
にして立てて
収納してます。
畳むより簡単で、時短&検索性が高いので。
過去に出版した本を
保管しているのですが
重いものは下に。
使用頻度が低いからと
上に収納すると
出し入れしにくく危険なので。

大型収納家具を持たない

現在形の収納とその理由②

収納は掃除しやすさを第一に考えています。以前は箱型の収納家具を複数置いていましたが、虫が出た時に逃げ込む場所になり退治できなかったり、自力で動かせないので収納の裏側に埃や髪の毛が溜まって虫の餌になるのが気になっていました。ものは極力押し入れの中に収納するようにして、室内に収納を置く場合は掃除しやすい形状を選ぶようになりました。キャスター付きか脚付き、あるいは軽くて自力で動かせるものを使用。掃除しやすいことで安心感を得られて、自分の家が好きになれるなと感じています。

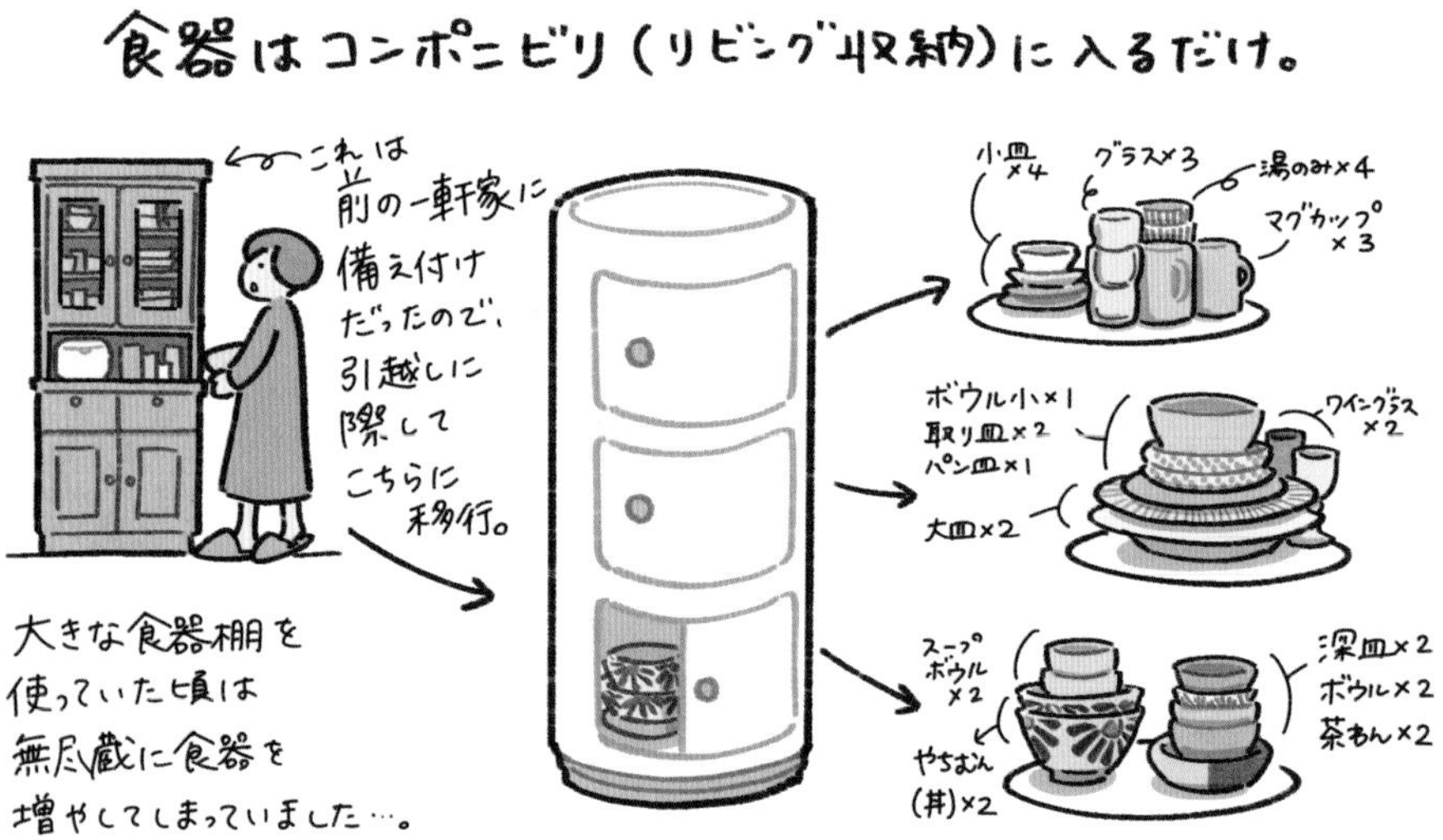
食器はコンポニビリ（リビング収納）に入るだけ。
これは前の一軒家に備え付けだったので、引越しに際してこちらに移行。
大きな食器棚を使っていた頃は無尽蔵に食器を増やしてしまっていました…。
小皿×4
グラス×3
湯のみ×4
マグカップ×3
ボウル小×1
取り皿×2
パン皿×1
大皿×2
ワイングラス×2
スープボウル×2
やちむん（丼）×2
深皿×2
ボウル×2
茶わん×2

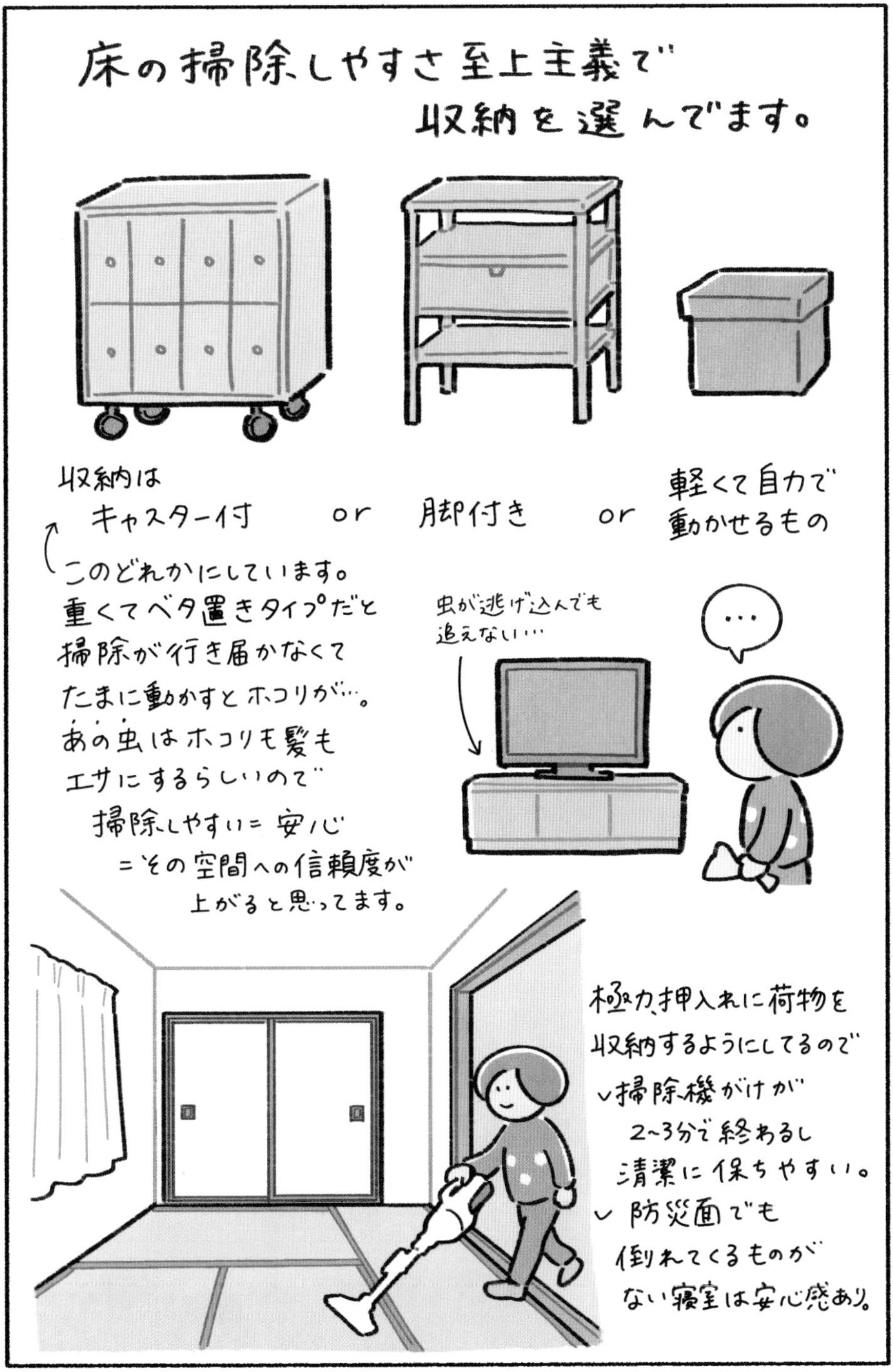
床の掃除しやすさ至上主義で
収納を選んでます。
収納は
キャスター付
or
脚付き
or
軽くて自力で
動かせるもの
このどれかにしています。
重くてベタ置きタイプだと
掃除が行き届かなくて
たまに動かすとホコリが…。
あの虫はホコリも髪も
エサにするらしいので
掃除しやすい＝安心
＝その空間への信頼度が
上がると思ってます。
虫が逃げ込んでも
追えない…
…
極力、押入れに荷物を
収納するようにしてるので
✓掃除機がけが
2~3分で終わるし
清潔に保ちやすい。
✓防災面でも
倒れてくるものが
ない寝室は安心感あり。

やっぱり「住所」を決める

探しものの時間はもったいない

※本気で片付けの仕方がわからなかった
何がどこにあるのかわからないので一度しまうと二度と探し出せない。

どこに戻せば…？

キッチンカウンターの上が常にカオス。どこにも行き場のないものであふれてここがスッキリした試しがなかった。

日々一番使うものがダイニングテーブルに集まってくる。

紙袋の中身不明
床にも溢れてるから掃除機がかけられない

人生で物量がマックスだった頃は、本気で片付けの仕方がわからなくて途方に暮れていました。当時は78㎡の二階建て一軒家に2人で暮らしていて収納も豊富だったのに、部屋の中にあるものをどこに戻していいかわかりませんでした。キッチンのカウンターや床の上はものだらけ。出してあるものは直近で使ったものなので、また近々使う必要があります。ただ、収納の仕方に規則性がなく、物量が多くてどこに何がしまってあるのか把握できていなかったので、一度収納に入れるとあとで目的のものを探し出せなくなるのです。収納を漁ると「こんなの持ってたっけ？」のオンパレード、生活と探し物がセットでした。掃除をしようとすると、出しっ放しのものを一旦退避させる必要がありますが、掃除を終えたあとに机の上や床の上にものを戻すという行為に徒労感を覚えていました。

人には管理できるもののキャパシティがあります。私はそれが小さい自覚があっ

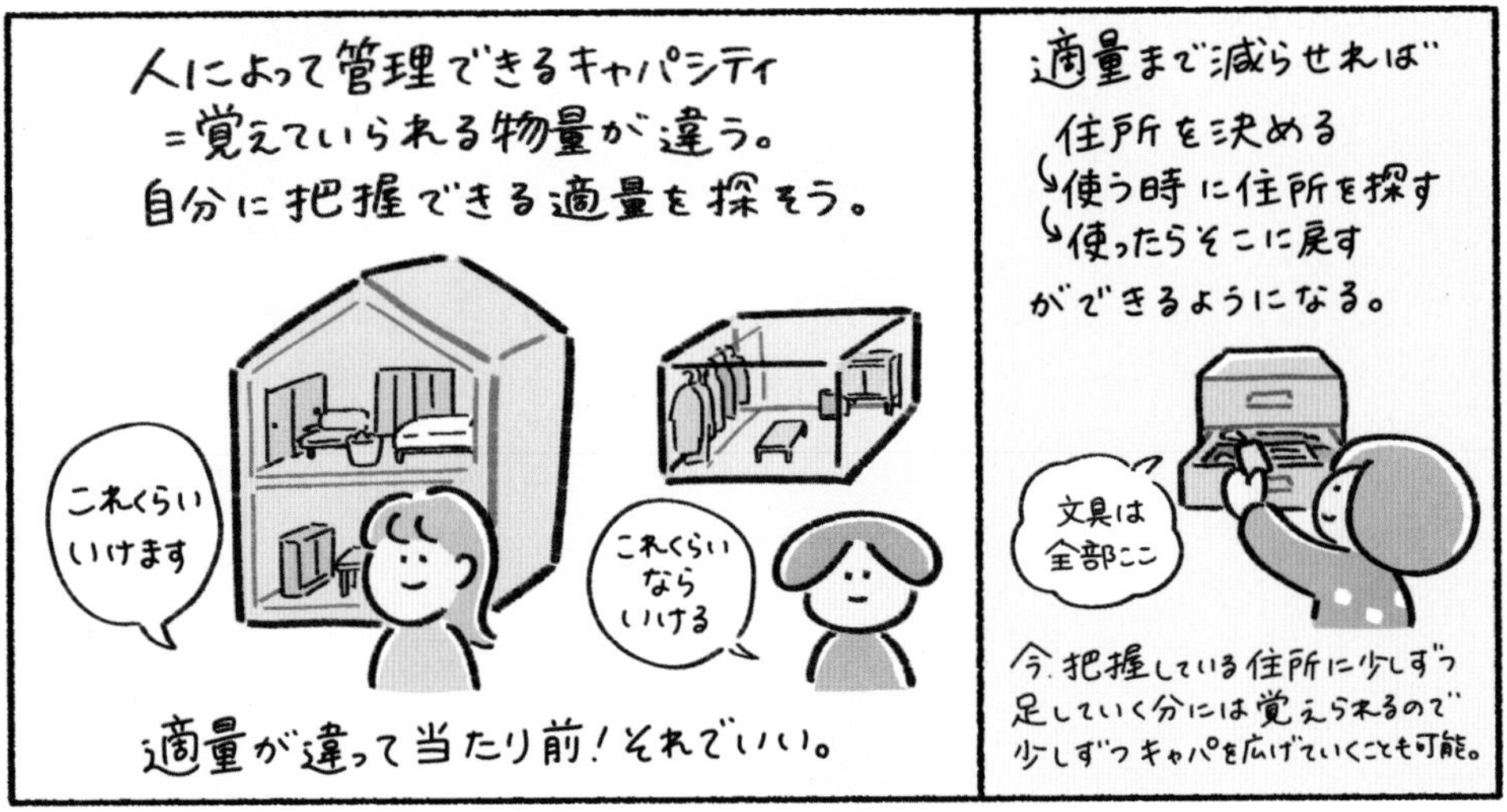
人によって管理できるキャパシティ
=覚えていられる物量が違う。
自分に把握できる適量を探そう。
これくらいいけます
これくらいならいける
適量が違って当たり前！それでいい。
適量まで減らせれば
住所を決める
使う時に住所を探す
使ったらそこに戻す
ができるようになる。
文具は全部ここ
今、把握している住所に少しずつ足していく分には覚えられるので少しずつキャパを広げていくことも可能。

たので、自分に合った量まで減らしたことで、ぐっと生活が楽になりました。そして、ものを減らしたことで、ものの住所を決められて、所定の位置にしまうことができるようになりました。片付けという行為を自動で行えるようになったのです。

これまでは「どこにしまおう」「覚えていられるだろうか」「こういうルールにしよう」と考え事でいっぱいだったのですが、今では全く迷うことなく片付けできるようになったので、とても楽になりました。住所が決まっていれば、自分が外出時に家族から「あれはどこにあるか」と電話がかかってきても、「押し入れの左側の中段の引き出しの1段目の手前にある」というように、的確な指示を出せるので、喧嘩が減りました。何から片付けていいかわからない方は、ちょっと面倒でも住所決めが大事です。自分が管理できる量に減らし、住所を決めて、それを守る。このルール決めをしておけば、毎日の片付けが格段に楽になります。

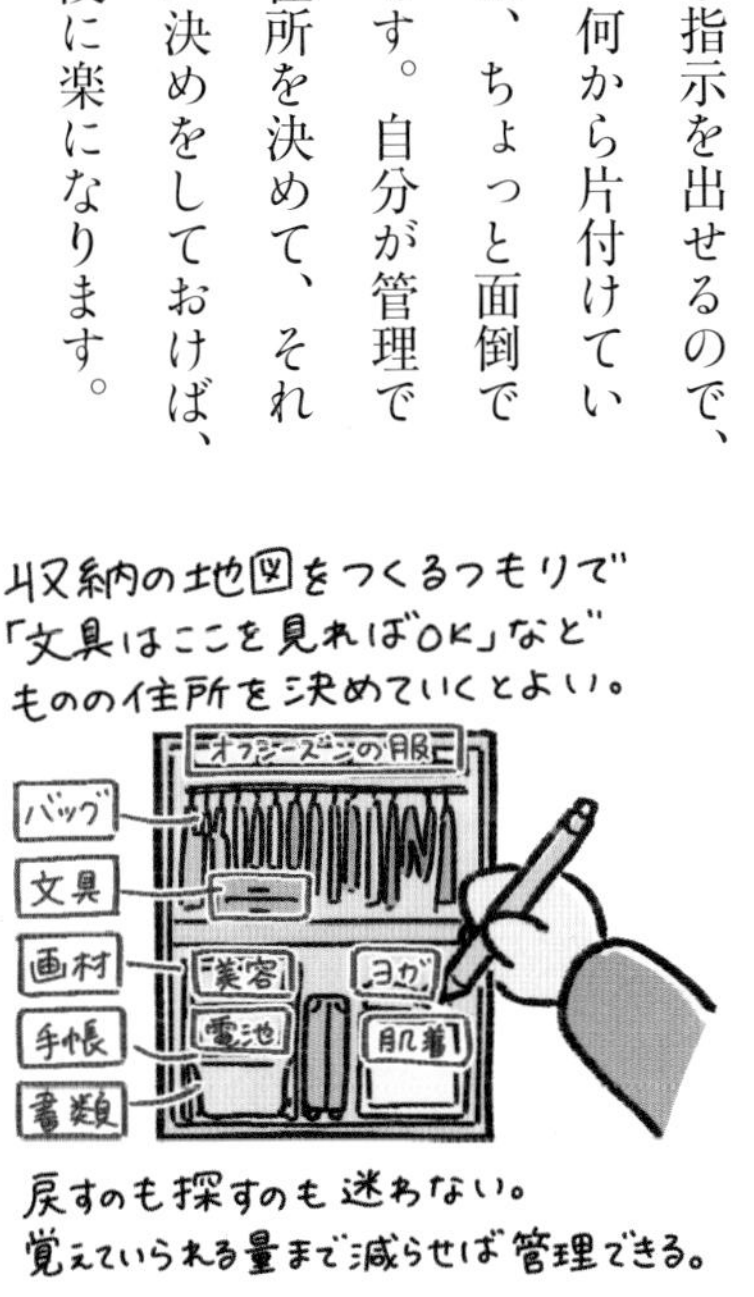
収納の地図をつくるつもりで「文具はここを見ればOK」などものの住所を決めていくとよい。
オフシーズンの服
バッグ
文具
画材
手帳
書類
美容
ヨガ
電池
肌着
戻すのも探すのも迷わない。
覚えていられる量まで減らせば管理できる。

誰でも戻しやすい住所に

検索性・戻しやすさ・アクション数

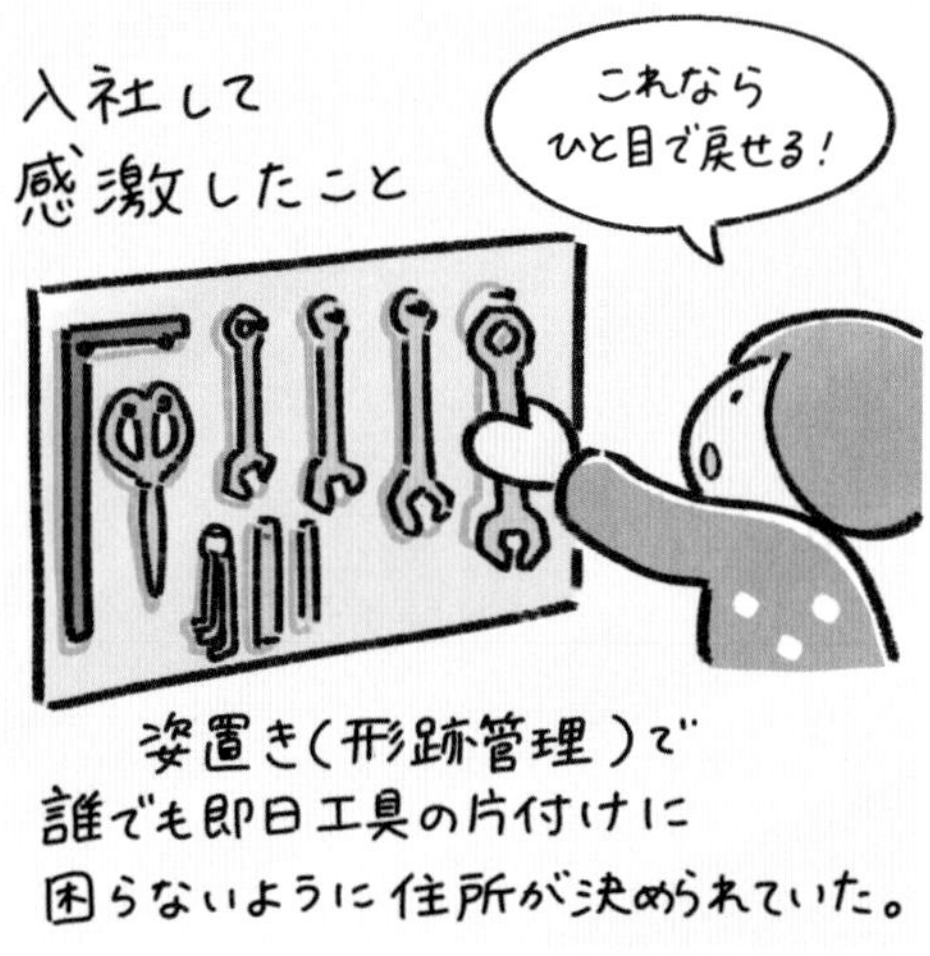
入社して
感激したこと
これなら
ひと目で戻せる！
姿置き（形跡管理）で
誰でも即日工具の片付けに
困らないように住所が決められていた。

前職の会社がトヨタ生産方式を取り入れていて、会社の工具や備品は基本的に全て住所が決まっていました。入社したてで特に戸惑ったのが、ぱっと見ほとんど同じに見えるサイズ違いの工具たち。これらを戻す位置が新入社員でもわかるように工夫されていました。垂直に板が立っていて、そこに打ってある釘に工具を吊るしてあるのですが、一つ一つの工具のシルエットをなぞるように線が描かれていて、その形に合わせれば工具を戻せるようになっていてなるほどと思いました。目当てのものがすぐに見つかり、簡単に取り出せて戻せるのです。あとになって知ったのが、それはトヨタ生産方式で有名な「姿置き（形跡管理）」という方法でした。そこの機械を担当する人が異動になっても誰でも即日工具の片付けに困らないようにルールが徹底されていました。自宅は散らかっていましたが、そのルールに則れば会社にいる間はすっきり片付けができていたので、「会社で毎日当たり前にやっていることを自

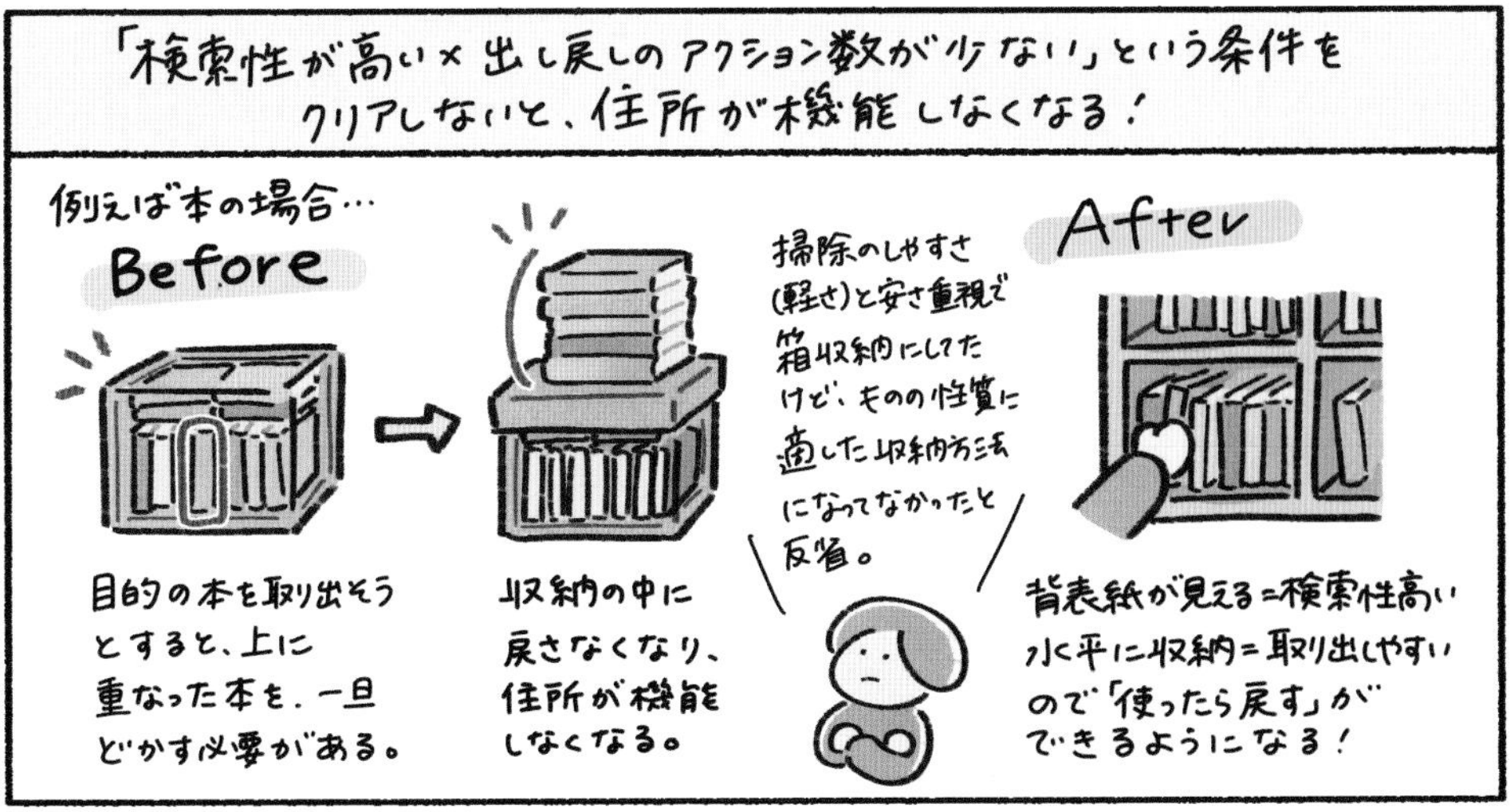
「検索性が高い×出し戻しのアクション数が少ない」という条件をクリアしないと、住所が機能しなくなる！
例えば本の場合…
Before
目的の本を取り出そうとすると、上に重なった本を、一旦どかす必要がある。
収納の中に戻さなくなり、住所が機能しなくなる。
掃除のしやすさ(軽さ)と安さ重視で箱収納にしてたけど、ものの性質に適した収納方法になってなかったと反省。
After
背表紙が見える＝検索性高い
水平に収納＝取り出しやすいので「使ったら戻す」ができるようになる！

宅でもできれば片付くのでは？」と思い、自宅を会社のように誰でも使いやすい場所にしようと考えて収納の改善をしていきました。姿置きは場所を取るのと、家では姿置きが必要なほど複雑なものは所持していなかったので、自宅に取り入れる上では「これはここを見れば必ずある＝探し物をしなくて良い」という状態を目指して住所を決めていきました。

片付けは住所決めが大事。けれど、住所を決めるだけではだめです。検索性が高く、取り出す・戻すためのアクション数が少ないという条件をクリアしないと、せっかく決めた住所を誰も守ってくれなくなります。すっきり好きの人は多少面倒でも住所を守って片付けてくれるけれど、散らかっていても気にならない人は、片付けてくれません。例えば本を蓋つきの箱に垂直に積み上げる形で収納すると、全て取り出さないと目当てのものが見つけられず検索性が低いと言えます。本なら垂直に積むのではなく背表紙が見える形で水平に並べるなど、アイテム別に検索性が高く、出し戻しのアクション数が少なく済む形で収納して住所を決めていくと、家族も戻してくれやすくなるので、自然と部屋が散らかりにくくなります。住所決めは、「誰でも使いやすい」がポイントです。

無理をしすぎない

バッグ1つは絞りすぎた

以前、バッグを1つに絞ったことがありました。しかし、さすがにそれは無理がありました。白のコットンのトートバッグを残して、仕事もオフもそれ1つで回してみたのですが、きれいめの装いで出かける時や、両手を空けたいときに困りました。肩にかけるトートだと重さを分散できなくて出歩くのが億劫に感じてしまい、折角の旅を楽しむならリュックなど別のアイテムが必要だと感じました。

TPOに対応できるようにいまは、小さなきれいめショルダー、容量のあるお出かけ用、アウトドア・旅行・仕事兼用のリュック、の3つに落ち着きました。ものを減らすのが目的ではなく、快適に過ごせる物量を見つけるために減らしているのだということを再確認。そこを意識しないと本末転倒だと気付きました。

少なけりゃいいってもんじゃない…！
それまでバッグを持ちすぎていたので、白トート1つに絞ったのは反動だったかな、今思うと。

数を絞りすぎて失敗したものたち
ネックレスをティファニーのバイザヤード1本に絞ってました。

ゴールド。チェーンをカットして鎖骨のくぼみに収まる長さで華奢。

ダイヤが直接肌に当たってパワーがもらえると聞いた。

こういう→格好の時にバイザヤードだと上品すぎて何か違うんですよね…

シンプルなシルバーのちょい長さのあるものが合う。

2016〜2021夏までこれ1本でまかなえていたのですが、髪を20cm以上切って↑メンズライクな格好をすることが多くなると、華奢な印象のバイザヤードはちぐはぐ感が…。シルバーのマニッシュなものが必要だと感じ、ゴールドとシルバーを1本ずつ持つスタイルに。
L.L.Beanのまっ白トート
仕事もそんなに外回りなくてギリいけた。オンオフこれで回せてた。

年始の会社の式典でコットントートは合わなさすぎることに前日に気付いた。

式典にはお着物の人もいました。

バッグのカジュアルさが浮いてた!!

バッグをコットントート1つに絞ったらさすがに絞りすぎだった。

社会に属してるならTPOってものがあると気付いて、用途別に1つずつはバッグを持つことに。

きれいめ
荷物多めの日のカジュアル
アウトドア&仕事
もし仮にこれが薄手の革のトートバッグならいけたのかも…

アウトドアには適してないかもだけど…それ以外はカバーできそう。

「数の上限」を設定する

ビニール傘無限増殖を防ぐ

好みってそうそう変わらないので
行く先々で似たようなものに
惹かれてしまう。
その度に買っていたら家に
似たようなものだらけに…。
なのに
キレイめバッグは
1つもない
という偏り…
カラーのコットンのバッグだらけ
アウトドア
カジュアル
きれいめ
ここだけカバーしてた!
TPOカバー率が
超低かった。

増えやすいものってありますよね。バッグや靴など好きなジャンルのものなど。ものが増えていくのを防ぐには、定数を決めるのが一番効果があると思います。例えば私は色付きコットントートが好きで、行く先々で惹かれては買っていました。似たものがいくつもあるのにきれいめバッグは1つもない、という偏りがありました。コットントートは1つしか持たないと決めたら、出先で惹かれても「自分はすでに1つお気に入りを持っている」と思い出せて、物欲のストッパーになります。1つには絞りきれないなら2つとしても構いません。数を設定しておくのが大事なのです。そして「新しいものを買ったら以前のものは手放して1イン1アウトする」という形をとれば、ものが増殖するのを防げます。

ただし、定数を決めただけで増殖を防げないものもあります。傘やモバイルバッテリー、日焼け止めなどは必要な場面で忘れてしまい出先で買わざるを得ない状況習慣ごと変えないとものの増殖は防げない。定数1を守るために。

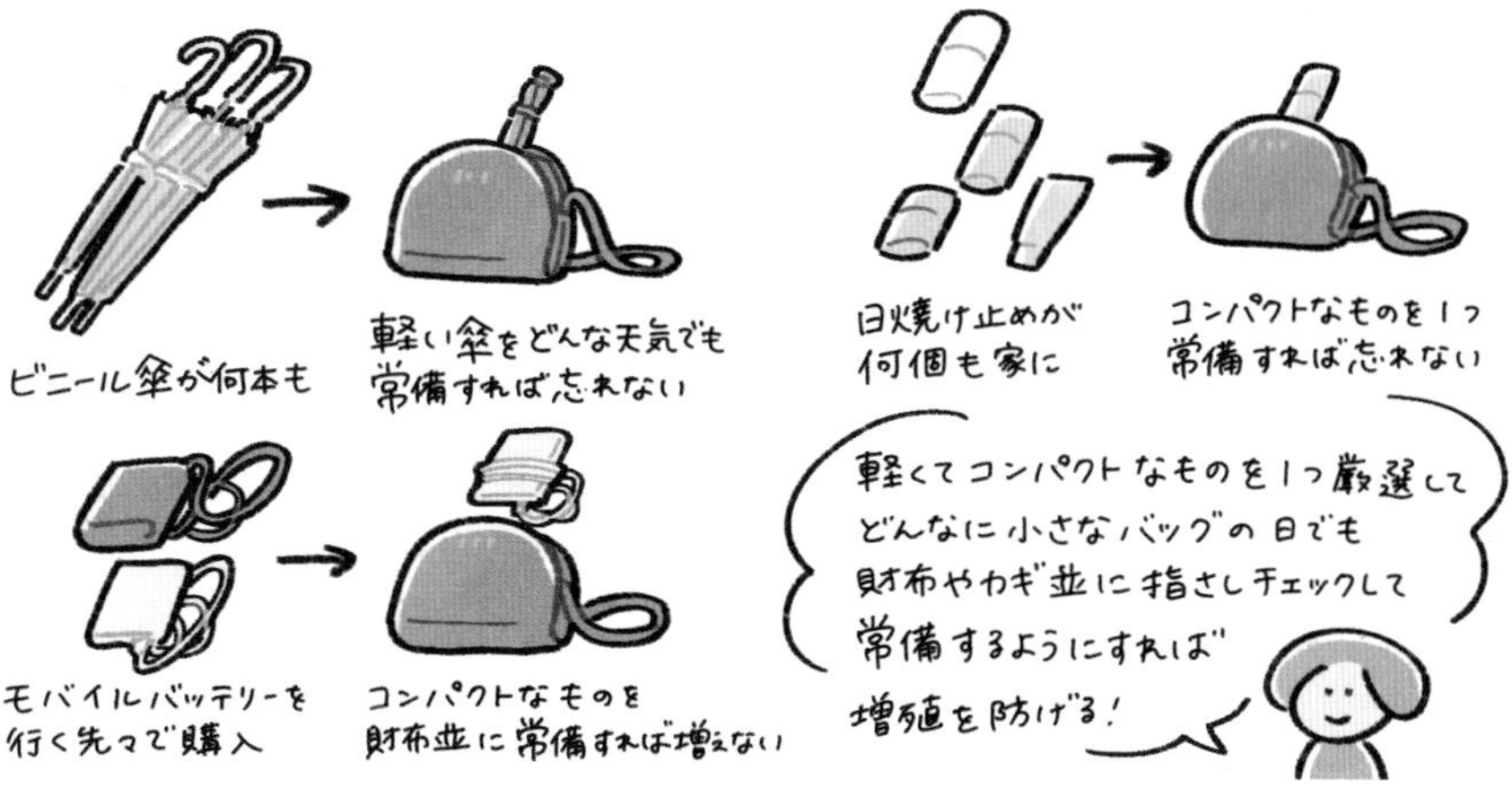
ビニール傘が何本も
軽い傘をどんな天気でも常備すれば忘れない
日焼け止めが何個も家に
コンパクトなものを1つ常備すれば忘れない
モバイルバッテリーを行く先々で購入
コンパクトなものを財布並に常備すれば増えない
軽くてコンパクトなものを1つ厳選してどんなに小さなバッグの日でも財布やカギ並に指さしチェックして常備するようにすれば増殖を防げる！

になり数が増えていくものですよね。そういった性質のものは、習慣ごとにメスを入れる必要があります。例えば折り畳み傘を雨の予報の日だけ持っていく形を取っていると、天気予報を見忘れたり、予報が外れた時に対応できません。私は電車移動メインの街に引っ越して3年経ちますが、コンビニでビニール傘を買ったことがありません。それは、どんな晴れた日でも天気に関係なく必ず折りたたみ傘を持ち歩くと決めているからです。天気予報もしょっちゅう見忘れる人間なので、常備する方が気楽なんですよね。常備するためにはどんなバッグでも気にせず持ち歩けるコンパクトさと軽さをクリアしていないと、「重いから今日は置いていこうか」という気持ちになってしまいます。徹底的に比較して超軽量傘を見つけたおかげで傘を常備でき、増えずに済んでいます。多少出費しても自分にとってベストなものを見つけて入れ替えし、ものの増殖を防げるようになりました。

1シーズン10着前後にしてるけど
ぱんぱんにしまうと生地が傷むので
ゆったり取り出しやすいことを重視＆
人と会う頻度的にも丁度いいから
この数に落ち着きました。

「量の上限」を設定する

メイクポーチを冷蔵庫と思う

先ほどは定数を決めるといいという話をしましたが、数で対応しきれないものもあります。化粧品、マニキュア、本、食器などはある程度の数を持つものである上に、一つ一つの形状が異なるので、数で管理するのは大変です。例えば本は40冊持つと決めても、厚みも違えば判型も異なりますし、毎回数えるのも大変です。それなら、本棚の2区画分などと決めて、その上限を超えないようにというルールのもと管理する方が楽です。

上限量を決めても増えがちなものの代表は化粧品かなと思います。私は一応メイクポーチ1つ分と決

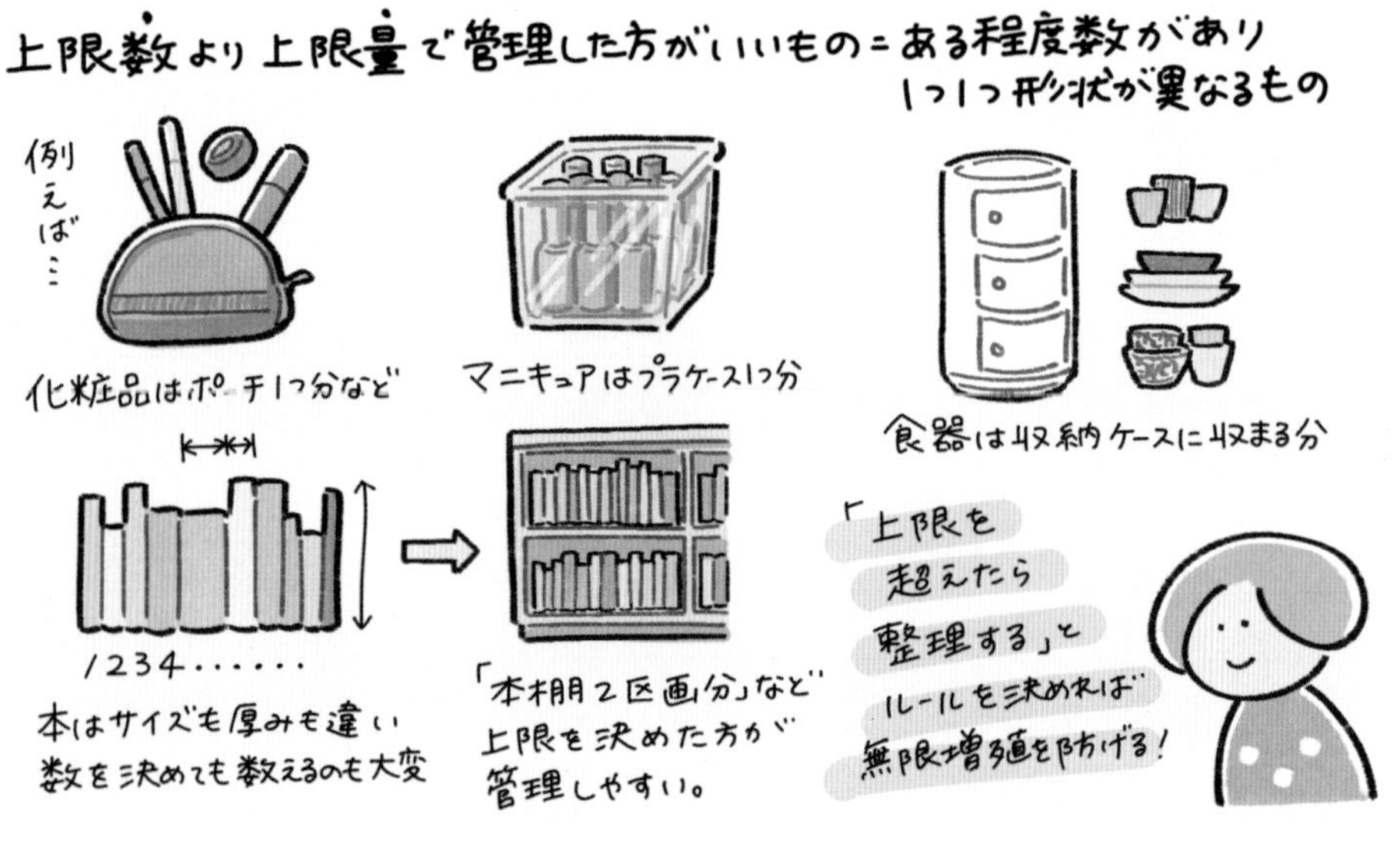

上限数より上限量で管理した方がいいもの＝ある程度数があり
1つ1つ形状が異なるもの
例えば…
化粧品はポーチ1つ分など
マニキュアはプラケース1つ分
食器は収納ケースに収まる分
1234……
本はサイズも厚みも違い
数を決めても数えるのも大変
「本棚2区画分」など
上限を決めた方が
管理しやすい。
「上限を
超えたら
整理する」と
ルールを決めれば
無限増殖を防げる！

化粧品は、化粧ポーチを冷蔵庫だと
思うと整理がサクサク進む。
食品が溢れたからといって「冷蔵庫をもう1つ
買い足そう」とは思わないはず。
食品に消費期限があるように、
化粧品にも使用期限がある。

めているものの、気づけば上限を超えて溢れがちです。肌のコンディションが常にベストな状態ではないので、より自分に合うものがあれば試してみたいと考えています。その上、服のように気分を反映したものなので、増えやすい性質を持っているんですよね。それでも無尽蔵に増やすことは防ぎたいので、最近意識しているのが、「メイクポーチを冷蔵庫だと考えてみる」ということ。食品が溢れても「冷蔵庫をもう1つ買い足そう」とは考えないですよね。食品を全部出してみると消費期限が切れているものが出てきて空間が空けられることがほとんどです。普段意識していないものの、同じように化粧品にも使用期限があります。そのことを意識すると、最近使ってない化粧品ってたいてい1年以上経っていたりしませんか？そういうものを手放していくとポーチにゆとりができます。また、もう自分の気分や服装とフィットしなくなっているものも結構紛れています。なので、化粧品も食品と同じように捉えて使用期限を意識しながら手放すことにして、上限を守っています。もちろんこの上限は好みのジャンルなら少し多めに設定したら良いと思います。

モチベーションを保つ方法

運気至上主義の話と掃除

掃除をするぞ、ものを減らすぞ！　と決心しても、継続しないといけません。習慣化の壁にぶち当たる度に「始めるモチベーション」と「続けるモチベーション」のどちらも必要なのだな、と感じます。私にとって、片付けと掃除のモチベーションは運気です。徹底した運気至上主義です。私はものが多く掃除が行き届いていなかった頃に、掃除をすると運気が上がるという記事を目にして、だまされたと思って毎朝トイレ掃除を続けてみました。3日目に当時トラブルになりかけていた案件が解決し、これは効果があるかもと

あー
トイレ掃除
めんどくさいな～
でもチケット
当たってほしいから
掃除するか…
本気でこれが
掃除を続ける
モチベーション
になってる。
毎日
ビフォア・トイレ掃除
B.T.
毎日
アフター・トイレ掃除
A.T.
やっぱりATの方が
仕事も人間関係も
チケット運も良くなった
と思うんだよな～…
他にも徳積み名目で
玄関のタタキを
拭く、シンクを
寝る前に掃除なども。
徳積み目的じゃないとサボってしまうので…
最前が当たったことも
あります
足が
2mある…？
本気で
そう見えました
良席が当たる度に
「明日からも掃除
がんばろう…」と思います。

部屋を清めよ、
天使が立ち寄れるように
—S.デッサウ

この言葉が好きで よく思い出す。
やっぱり空間にゆとりがあると
いいことが舞い込む気がする。

思って、以来続けています。

運気が上がったかどうかは、掃除をしていない期間を設けて比較でもしないとわからないと思いますが、私はトイレ掃除を続けるようになってから、チケット運が上がったと感じています。

マイナスな出来事をどんどん忘れてプラスの出来事だけ覚えているという自分の性質が要因かもしれないとは思いつつ、不要なものを減らして収納に空間を空けるとやりたかった仕事が舞い込むというのも何度か経験していますし、肌感覚として掃除は運気を上げてくれるように感じています。

どうせなら楽しく続けたいので、トイレ掃除中「今日も掃除したから次のチケットもきっと当たる！」などと心の中で独り言を言いながらやると、掃除も楽しい作業になります。他にも「部屋を清めよ、天使が立ち寄れるように」（S.デッサウ）という言葉が好きで、今この家は天使が立ち寄れる空間になっているかな？と思うと、掃除のやる気が湧きます。

掃除すると運気が上がるなと思うのは

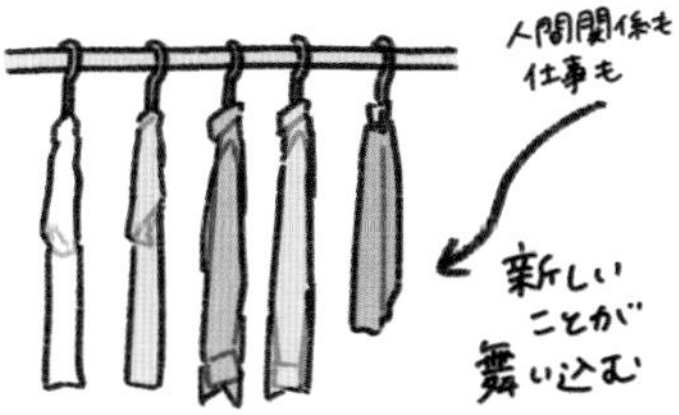

不要なものを手放して空間を空けると
仕事が舞い込む実感があります。

感謝して手放す

いただきものをどうするか？

ものが増えるときは、自分で買うかもらうかのほぼ二択。もらいものは自分の意思で制御が難しいですよね。例えば、私はタオルは我が家の定番品しか使いません。洗濯が楽で収納にも困らないように、薄くてコンパクトなタオルを持つようにしているので、それ以外のものをもらっても使いません。そういったものは新品の状態でリサイクルショップへ持ち込むことにしています。いただきものなのに申し訳ないという気持ちになるかもしれませんが、贈答品は気持ちの授受が第一目的なので、受け取った時点で贈答品の持つ役割の9割は終えていると考えます。ものが使わない人の家にある状態よりも、使う人のもとに旅立った方がものにとっても幸せだと思うので、贈ってくれた気持ちに感謝して手放しています。

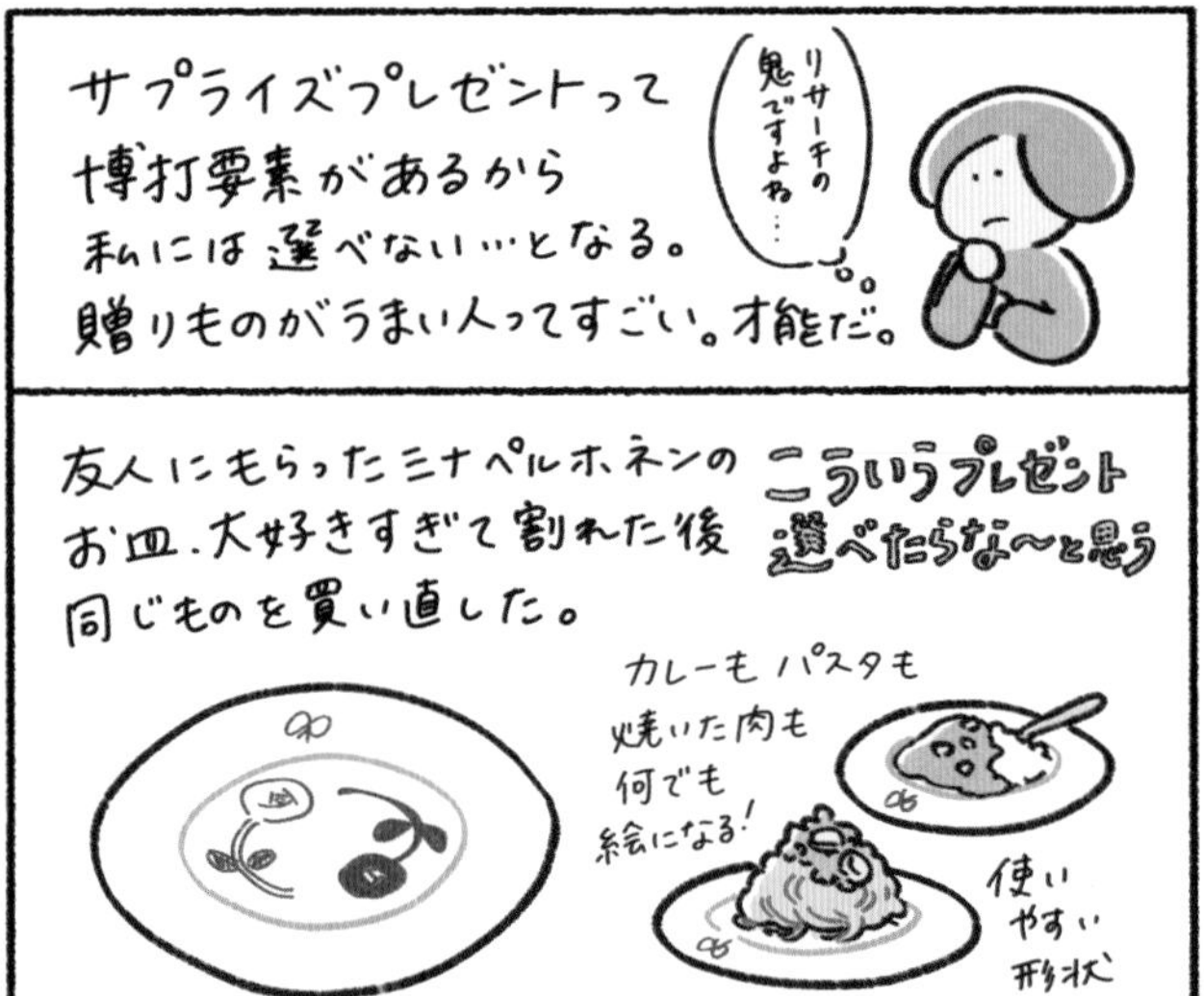
サプライズプレゼントって
博打要素があるから
私には選べない…となる。
贈りものがうまい人ってすごい。才能だ。
リサーチの鬼ですよね…
友人にもらったミナペルホネンの
お皿。大好きすぎて割れた後
同じものを買い直した。
こういうプレゼント選べたらな〜と思う
カレーもパスタも焼いた肉も何でも絵になる！
使いやすい形状

使ってないから手放したいんですけど頂き物だから…

というお悩みは本当に多いです。

贈りものは「気持ちの授受」をした時点で贈りものとしての役割の大部分は果たしていると考えてみましょう。

そもそも「ものの人生」を考えると死蔵しておくより次の場所で活躍した方が幸せなはず。

…

…

…

贈り主も、使わないのに「悩んでも持ち続けてほしい」とは思っていないはず。相手に幸せをあげたくて贈ったはず。

「手放したいと思ったら手放していいんですよ」とお伝えすると、「背中を押してもらえた」と安心して手放す方が多いです。

日用品って定番が決まっているので、もらっても使えないことが多いんですよね。気持ちはありがたいけど…

タオルは定番が決まってるし、家では大きなバスタオルも使わない。

グラスも食器も収納に対してジャストの量で回してるから新しいものを入れるスキマがない。手持ちのものと入れ替える程気に入ることってなかなか難しく…。

1回使うか!とか色気を出さず、未開封で次の人へ回す!リサイクルショップへ
使わない日用品は使う前に手放すと決めてるけどやっぱり心苦しさは少しあり、もはや引出物は全部消えものとカタログギフトでよくない…?!となる。

親しい友人でも家族でも、相手が欲しい消えもの以外のものを贈れる自信ないしな…。

好きでもルールは設ける

一時的に増えてもOKな仕組みに

昨年、唐突に推しに出会いました。「こんな予定じゃなかったのに」という言葉を口にしながらハッと気づけばファンクラブに入会していて、深い沼の底にいました。ふいに「人間活動に疲れた！」という状態になっても、人間だから舞台鑑賞もできるのだと思うと頑張れます。推しは偉大。必然的に推しのものが増えがちなので、ルール決めを模索中です。

例えば推しがCDを発売したら、映像特典やオンラインイベント目当てに同じタイトルのCDを積みます。CDが売れると推しへの貢献になりますし喜んで積みます。

人間活動に疲れた…
主に人間関係やライフステージの悩み
猫になりたい…
ニャ〜
ハッ
猫になると推しの活躍が見られない
猫だと舞台には行けない…
疲れているので思考が混迷を極めている
むくり
やっぱり人間でなければ…
推しの力って偉大だ…

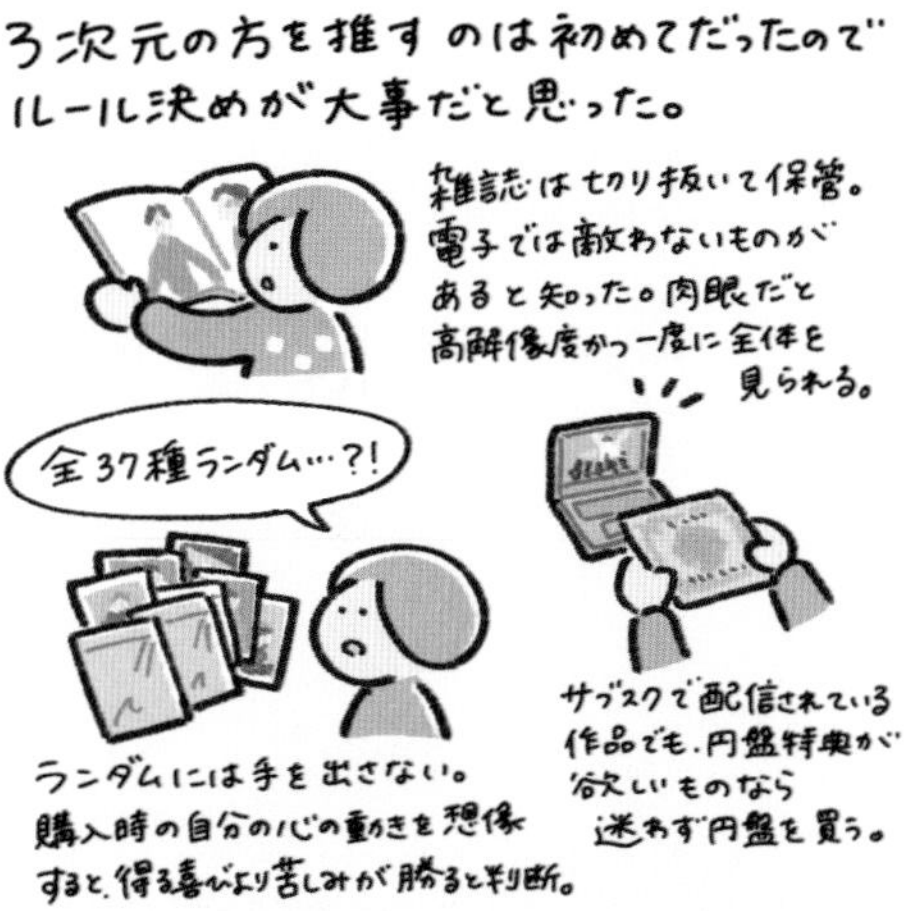
3次元の方を推すのは初めてだったので
ルール決めが大事だと思った。
雑誌は切り抜いて保管。
電子では敵わないものがあると知った。肉眼だと高解像度かつ一度に全体を見られる。
全37種ランダム…?!
ランダムには手を出さない。
購入時の自分の心の動きを想像すると、得る喜びより苦しみが勝ると判断。
サブスクで配信されている作品でも、円盤特典が欲しいものなら迷わず円盤を買う。

しかし、基本的に音源はサブスクでいいと考えており、それは推しに関しても変わらないので、特典を満喫したら1種類だけ残して残りのＣＤは手放すことにしています。ものが一時的に増えるけれど留まらないという仕組みになっています。雑誌も以前は電子でＯＫ派でしたが、推しに関してのみは印刷物の高解像度で楽しみたいので雑誌を買うようになりました。デジタルだといくら高画質でも、自宅にある12.9インチのｉＰａｄをもってしても、拡大したらどこかが見切れるのでやはり肉眼は最強だと感じます。初めのうちは切り抜く勇気が出なかったのですが、あまりに増えるスピードが早いので対策を立てなければと思い、検索性が高い方法を模索して切り抜きのルールを決めました。表紙・目次・推しの出ている記事・推しについて言及されている記事・編集後記を残して他は手放すことに。

特定のジャンルにハマり、ものが増え始める時は翻弄されますが、自分の中で増えるものへのルール決めができれば、あとはルールに則って回していけばいいので悩まずに済みます。片付けと同じでルール決めが大事だと感じています。沼の底からは以上です。

アウトドア用品の有用性

機能性とコンパクトさ

アウトドア用品はキャンプだけでなく自宅でも使えます。軽くて畳めて高機能。コンパクトになるので引越しの際に場所を取らず、畳めば部屋を多用途に使えます。

我が家ではスノーピークのアイテムを愛用中。例えばワンアクションテーブルは天板が竹の集成材で、ナチュラル系の木製家具と相性が良いです。部屋で使っても「ザ・アウトドア!」という感じにならないので重宝しています。

他にもオフトンという寝袋を使っています。両サイドのファスナーのおかげで冷気をシャットアウトできて防寒性抜群。自宅で洗えるのでダニアレルギーの私は本当に重宝しています。アウトドア用品は自宅でもその機能を発揮して生活の快適性を上げてくれます。

ハイエース1台に二人分の家財道具を積んで引っ越してきたのですが、あれはアウトドア用品のコンパクトさにかなり助けられました。
寝具
折り畳みチェア
三ツ折マットレス
ダイニングテーブル

我が家で愛用しているキャンプ用品

Snow peak
ワンアクションテーブルを
ダイニングテーブル＆デスクとして活用

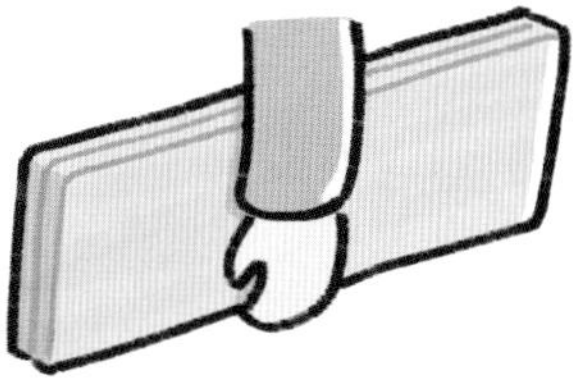

折り畳むとコンパクトに！
引っ越しの際も助かる。

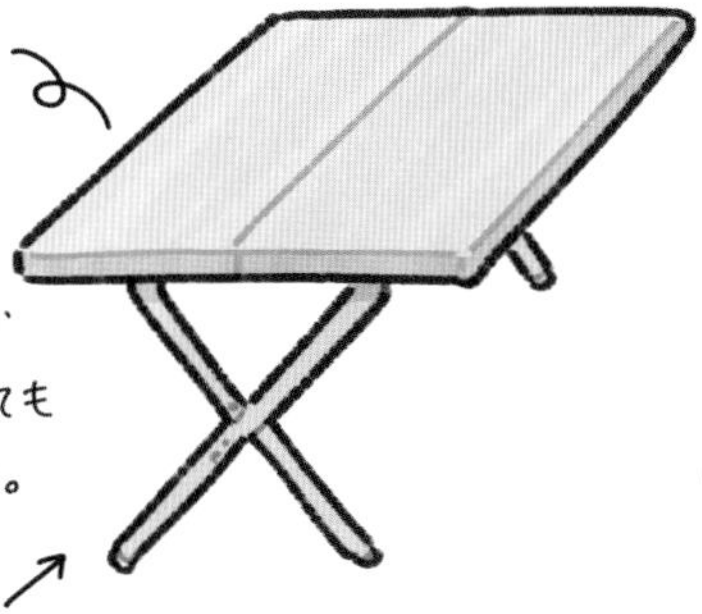

天板は
竹の集成材
オークや
メープル等
ナチュラル系の
木部と合うので
部屋の中で使っても
違和感がない。

その名の通りワンアクションで
畳める。部屋を多用途に
使いたい時に便利。

同シリーズの座卓も持ってます。
来客時に人がたくさん来ても
対応できるので助かる。

Snow peak
オフトンワイドを
普段使いの寝具に

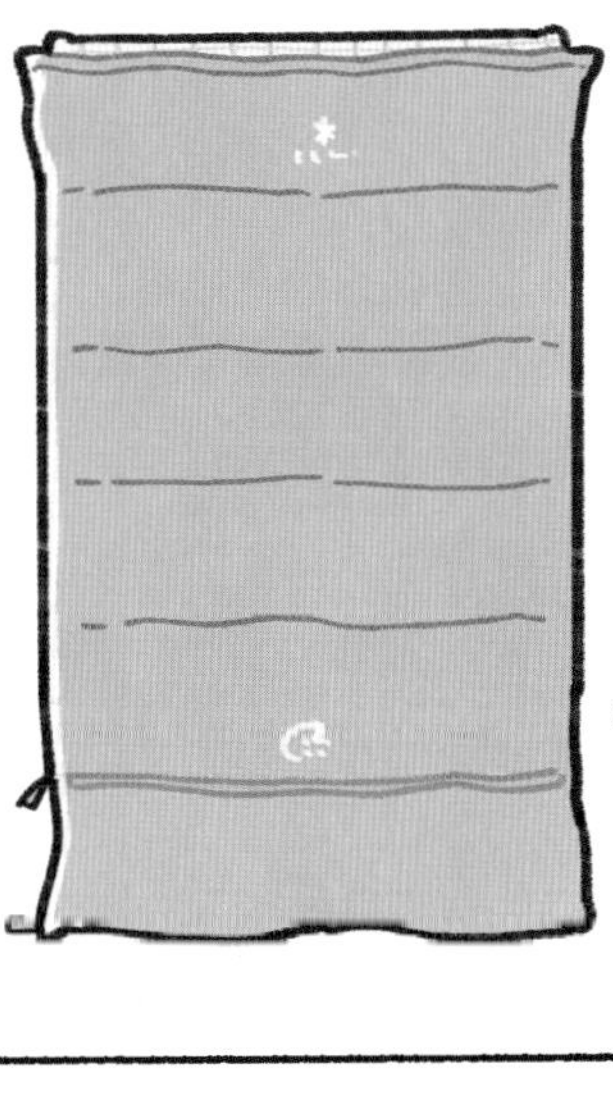

春・秋はチャックを開けると
適温。夏は掛け布団側のみ
使って寝てます。

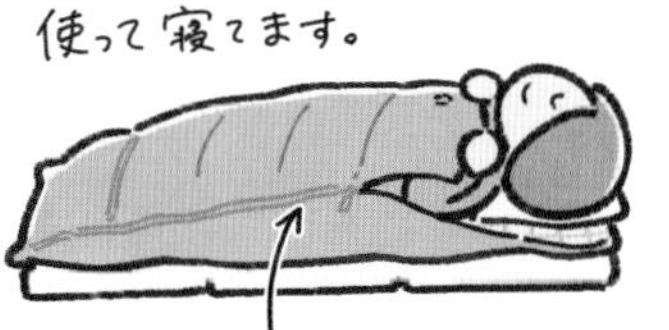

冬はサイドのチャックを閉めると
冷気が入ってこないのでぬくぬく。

Helinox
フェスの必需品。
とにかく軽い。
組み立ても簡単。
色もシンプルな
ものが多く
自宅でも使える
素材感で
インテリアとしても
使いやすい。

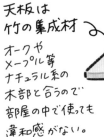

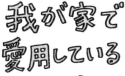

すっきりが続く片付けルーティン

LIST

□片付けは朝、元気な時にする

□起きたらマットレスをたたんで立てかける

□窓を開けて風を通す

□鏡や飾りものなど気づいた埃を拭く

□コードレスクリーナーでささっと床掃除

□騙されたと思って毎朝トイレ掃除

□お風呂とシンクの排水口を一日置きに交互に洗う

□週一で玄関のたたきを拭き掃除

etc...

以前は仕事が終わってから夜に家事をしていたのですが、疲れて家事が嫌になってしまいました。朝日を浴びながら元気な時間帯にやると同じ作業でも心持ちが変わって、割と楽しく取りかかれると気づきました。

5章

未来につながる
小さな暮らし

暮らしの「先」を見つめて

数年後、数十年後の夢は？

将来の目標は？
と尋ねられたら
何と答えますか
「ピンピンコロリ」
死ぬまで絵と文を書き
推しの老いを見届ける
PPK
というのが今の私の答えです
ピンピンコロリとは…
健康寿命の長さを言い表した表現で、「病気に苦しむことなく、元気に長生きし、最後は寝付かずにコロリと死ぬこと、または そのように死のう」という標語。
略してPPKという。
※Wikipediaより引用。
PPKで生きたい！
葛飾北斎のように70歳以降も絵を描いて上達したい
ホホホ
描き続けられる体を保ちたいです
北斎大先生…
そのために座っていられる足腰の健康、手と目の健康を保ちたい

そして推しの老いを見守りたい
年を重ねてその年代でしか
演じられない役柄や演技を
見たい
推しにご多幸あれ…
推しが増えてるかもだけどね
極力現場に足を運びたいので
足腰は健康でありたいです
歩くのも水分をたくさんとるのも末永い推し活を見据えてだと思うとやる気が出る
目標達成のために
目・手・腰・心の
健康寿命を延ばしたい!
と目標が具体的に
なっていきます
推しを拝む目
ペンを持てる手
座っていられる筋肉
落ち込んでも浮上できる心
ピンピンコロリは
心身共に健康でないと
叶えられないでしょう
ストレスの芽は早めに摘みたい
そう考えると
心身の健康のためにメンテナンス
するのも必要不可欠だと思います

悩みや不安を言葉にする

欠かせない習慣「モーニング・ページ」

"考え事"って頭の中だけで
できますか？私はできなくて
電車に立って乗ってる時とか
「早く帰ってこの考えを
書き起こしたい！考え事したい！」
って思ってます。書き出さないと
堂々巡りになって進まない自覚
があるので…。
PCに
キーボードで
打つのが一番ストレスフリー。
考えるペースと出力する
ペースがほぼ同じ
スピードに揃うので。
タタタタタタタタタタタタタタ

みなさんは考え事って頭の中だけでできますか？　文字に書く派ですか、話しながら整理する派ですか。私の場合は以前から、考え事は書き出さないとできない性質だという自覚がありました。出先で何か考えたいテーマを見つけたとき、頭の中で考えると堂々巡りになってしまい「頼むからキーボード、あるいは紙とペンをください」と叫び出したくなります。文章に書き出さなくては落ち着かないのです。

書いて考える派の方におすすめしたいのがモーニング・ページ。これは、ジュリア・キャメロンさんが著書『ずっとやりたかったことを、やりなさい。』の中で提案している、創造性を見つけるためのワークの1つです。本の内容に沿ってノートを1冊用意して、毎朝頭の中に浮かんだことを1日3ページ分埋めます。これは誰にも見せないものとして、頭に浮かんだことをそのまま書き記しています。私は2016年初頭からほぼ欠かさず取り組んでいます。

ほぼ毎朝モーニングページに取り組んでいます。
頭に浮かんだことをそのまま書いてます。
書くことが思い浮かばなければ
何書こう？
と
そのまま頭の声を書き記しています。
瞑想しようとした時によくこうなる。
逆に「何も考えないようにしよう」としても、次々考え事が浮かんでしまいませんか？
気付いたら何かしら考えてしまうので、あとはそれを書いていけばOK。
次第に「書かないとスッキリしない」と習慣に。
頭の中だけで考えてると悩みがどんどん肥大化していくのですが…
悩み
悩みのサイズは案外このくらい？
これくらいだと思ってた
悩み
実はこのくらいでは？と気付く
解決策①
②
③
順番に試していこう！
書き出してみると冷静に捉えられるというか。今できる解決策が出てきて、「まずはできることをやって様子を見よう」という行動の目標ができるので、思考を整理できる。

メリットとして感じているのは心のデトックスができること、不安が解消されること。言葉にすることで悩みや不安を把握できます。私の場合、頭の中だけで考えていると、悩みがどんどん肥大化していきます。実際には悩みのサイズは想像ほど大きくない場合も多く、書き出すことで、そのサイズを意識できます。何度も同じことを書いていると「また同じことを書いている。そろそろ次に進みたい」という気持ちになってきて、解決策を考えたくなります。今の自分にできることを書き出すうちに、行動に移したくなります。数日後には解決策が自動的に書き出されるような感覚があります。

初めはノートに手書きしていたのですが、家族に見られない形式の方が安心できると感じ、PCのメモ帳にパスワードを設定して書くようになりました。ノートが増えないのも嬉しいところ。これからも続けていきたい習慣のひとつです。

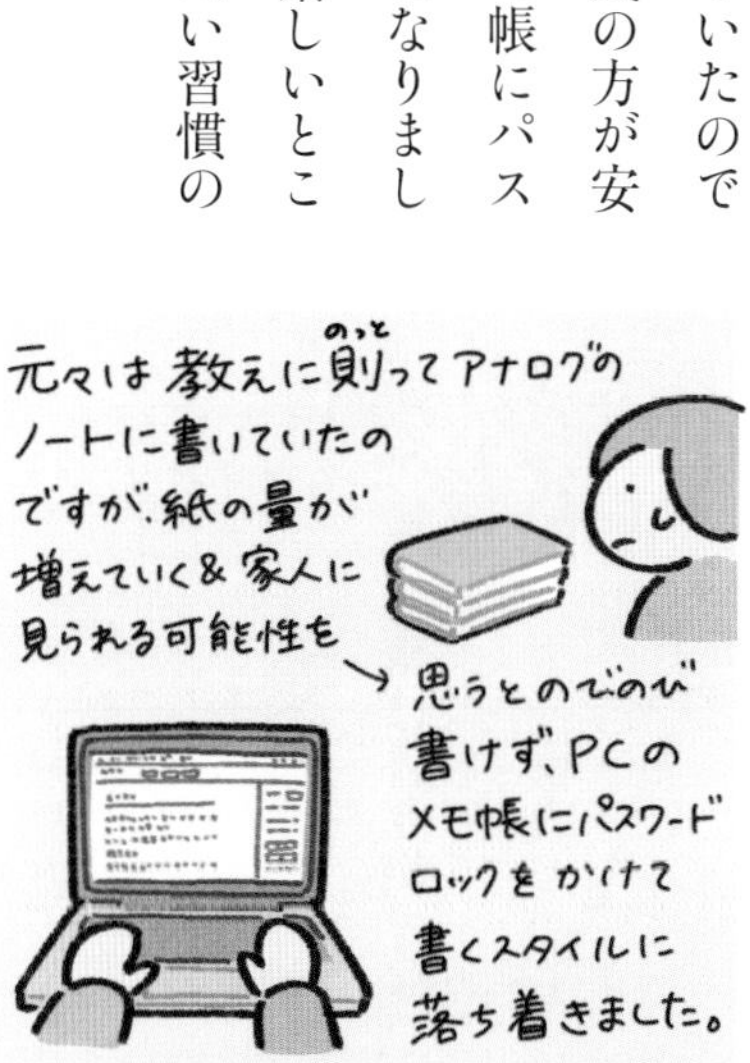
元々は教えに則《のっと》ってアナログのノートに書いていたのですが、紙の量が増えていく＆家人に見られる可能性を
思うとのびのび書けず、PCのメモ帳にパスワードロックをかけて書くスタイルに落ち着きました。

コーピングリストのすすめ

気持ちの波をおさめてくれる

コーピングリストというものをご存じでしょうか。これは、簡単に言えばストレスがかかった時に、何をすると気晴らしになるのかをあらかじめリストアップしておくもの。私の場合は「散歩する」「一人カラオケに行く」などです。リストができたら、実際の生活でストレスを感じた際にリストから選んで実行します。私が読んだNHKスペシャル取材班著『キラーストレス　心と体をどう守るか』(NHK出版新書）という本では100個のリスト作りを推奨していました。実際にやってみて、自分を安心させられるものが100個もあるのだと思うと、リストを眺めただけで安心感を覚えました。その時々で生活スタイルも好きなものも変わると思うので定期的にアップデートすることをおすすめします。

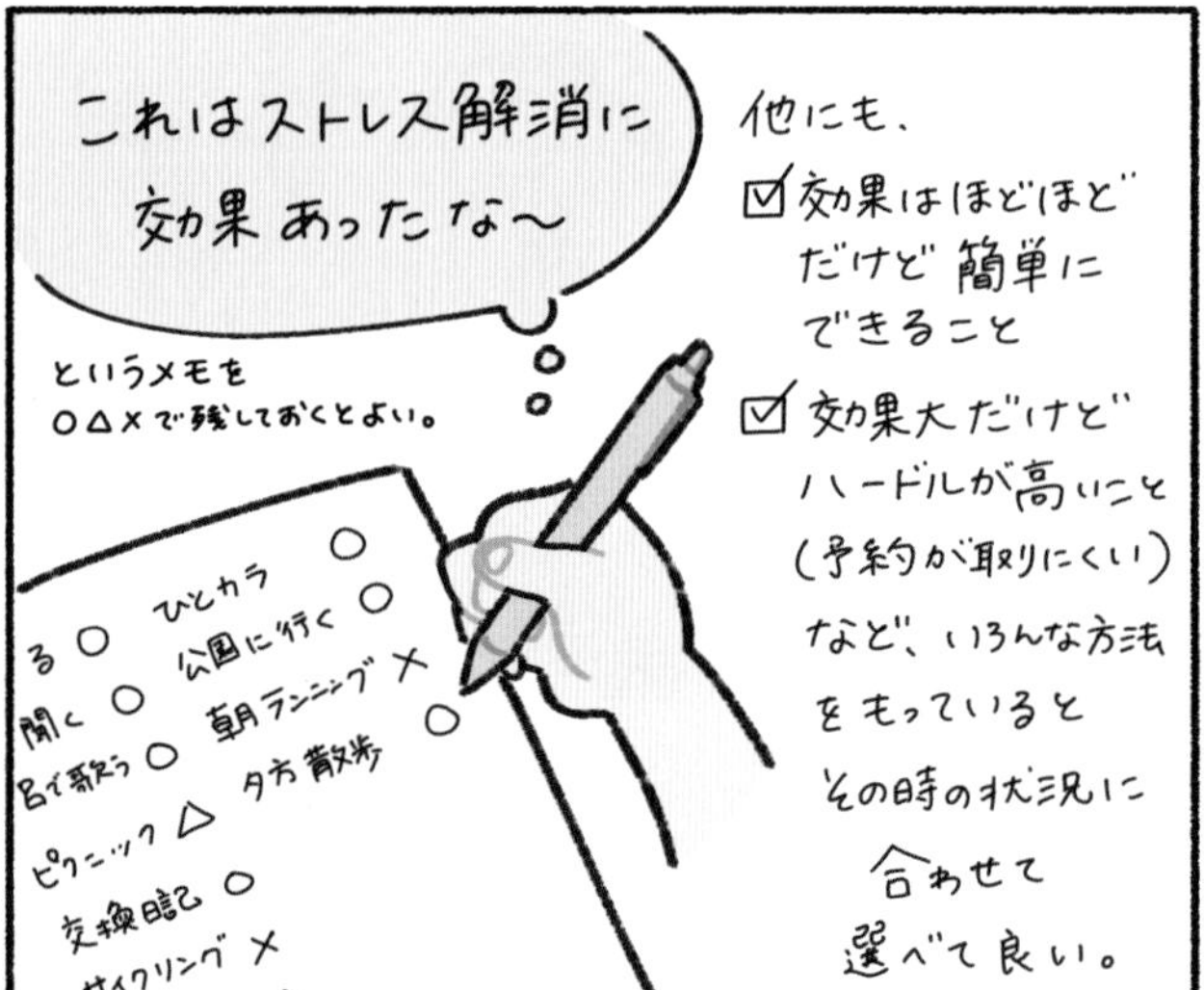

これはストレス解消に効果あったな〜
というメモを
○△×で残しておくとよい。
ひとカラ ○
公園に行く ○
朝ランニング ×
夕方散歩
ピクニック △
交換日記 ○
サイクリング ×
他にも、
☑効果はほどほどだけど簡単にできること
☑効果大だけどハードルが高いこと（予約が取りにくい）
など、いろんな方法をもっているとその時の状況に合わせて選べて良い。

公園ピクニック
コロナを経験して思ったのは「1人で」「割といつでも」できることがリストにあると心強いな〜ということ。
推しスケッチ
私のコーピングリスト
早起きを習慣化し始めた頃、「朝の30分、推しの円盤を一時停止して、推しスケッチをしていい」というルールをつくって早起きのごほうびにしていました。
美しいものを描き留めたい、という絵を描く喜びの根源に立ち返れます。
公園まで散歩して途中のコンビニでアイスを買って木陰で食べる。楽しいけど体力ある日じゃないとできない。
お茶の時間を楽しむ
これは毎日してる。好みのアールグレーを探しては試したりしてる。台湾に行って台湾のお茶も好きになって愛飲してる。(紅茶と緑茶の間って感じで楽しめる)
温泉
東方美人
温泉は社会人になってから休日に行った回数No.1の場所。
最近はサウナも好き。
「整うってこの感覚で合ってる?!」と思いながら3セットしてる。
アールグレイはウェッジウッドと三井農林のが好き。
台湾で買い込んだお茶、そろそろ尽きるので買いに行きたい…

コロナ以前は、コワーキングスペース的に使う目的でカラオケのサブスクに入っていました。

月額1600円でカラオケに通い放題だった。

フリータイムで入って6時間仕事の作業をしてラスト30分ヒトカラするのがいい気分転換だった…。

1人でめっちゃ腕振っていい運動になってた。

ここぞとばかりにカロリーを消費してました。

SNSに振り回されない

気持ちをかき乱されないSNSとの付き合い方

通知欄には魔物がいます。
あの通知バッジを見ると開かずにはいられない。
気になるだろ～
見たいだろ～
プル～プル
うう…
逆らえない…

カレー沢薫先生の著書に、『一億総ＳＮＳ時代の戦略』という本がありますが、多くの人が何かしらのＳＮＳ上に自分の居場所を作っているのではないでしょうか。

私は何かにハマると専用アカウントを作って共通の趣味を持った友人を見つけて生きてきました。特に社会人になって8年近く田舎に住んでいたので、同じ趣味を持った人とリアルで知り合うのは不可能に近いことだったため、ＳＮＳは趣味人生の生命線でした。しかし、ＳＮＳに触れる時間が増えすぎると現実生活がおろそかになります。私も一時期はＳＮＳ廃人のようになっていましたが、脱出すべく少しずつ自制心を育ててきました。ＳＮＳに振り回されないために心がけていることを紹介します。

まず、ＳＮＳの通知欄には魔物が住んでいると思っています。何かしら投稿すると人の反応が気になるもの。通知バッジの数字を見ると、今すぐ確認せずにはいられなくなります。人からの反応である通知は報酬であり、SNSを開いた時に通知が来ているかどうかはその時々という不定期さが射幸心を煽るのです。通知依存症気味である自覚があったので、DM以外の通知を切りました。また、昨年からSNSの使用時間を意識するようになりました。iPhoneだったら、一度スクリーンタイムを確認してみることをおすすめします。1日何時間そのSNSを見ているのかわかります。そして、私は最もよく使うツイッターに制限時間を設定しています。1日2時間と決めると、その時間を超えると「〝Twitter〟の制限時間を超えました」と表示されてSNSが見られなくなります。延長したとしても、どれだけの時間を使っているのか知るだけでも、自分の依存度合いを認識できるので一歩前進です。

また、最近はツイッターを使うときはフォローではなくリスト管理で情報収集するように心がけています。合わないと思ったらさっと外せるようにしつつ、興味関心の分野別にリストをつくって、それをホームの上にピンで留めて、見たい情報別に使い分けしています。

絵や文を投稿する時の心構えの話。

保育園の頃、絵を描くのが楽しいから描いていたあの感覚にフォーカスするといいかもと思ってる。

評価があろうがなかろうが関係なく、目の前の作業が楽しい。

見て見て
つくったものを"勝手に"おすそわけしてるだけ、という意識をもつと、評価の数にメンタルを左右されなくなるなと。

習慣づけには工夫が必要

新習慣を定着させる方法

何においても、習慣づけのために大事なのは「ゆるやかなプレッシャー」だと考えています。汚部屋状態から脱出できたのも、1日1つのものを手放してSNSに投稿することで、見てくれている人の目を意識していたからこそ継続できました。これまでしていなかった行動は多少のプレッシャーがないとそうそう定着できません。続かなかったらペナルティが生まれるほどの重圧があると挑戦自体したくなくなるので、大事なのはゆるやかな監視だと思っています。

汚部屋から脱出すべく捨てたものをSNSにUPしていました。
カシャ
今日の
手放したもの
ひとつでも「いいね」がつくと
見られている＝ゆるやかな監視を感じるので…
ピロン
1
このゆるいプレッシャーがサボり抑制になって捨て活を続けられました。
人の目って偉大。習慣定着全般に効果があると感じています。

最近は運動習慣を定着させるために、「みんチャレ」というアプリを使っています。筋トレでも散歩でもいいので運動を習慣にしたかったけれどどうしても続かなくて悩んでいたのですが、フォロワーさんに教えてもらいました。これは、目的に合ったチームを探して匿名5人でチームをつくり、取り組んだことを写真と共に投稿するというもの。歩数の

ピコン
筋トレしました
ピコン
歩いた
みんチャレのチームに入ったはいいけど
結局運動してないな…
久しぶりに開いてみるか…
運動のやる気が出るかも…
あっ!?
自動退出
8日間活動がないのでチームから退出になりました。
これって自動退出とかあるんだ?!
デーン
使い方をちゃんと読んでなかった
——次はサボっても退出になる前に復帰しよう
復帰ポイントを見つけた分、一歩前進

スクショなどを送信すると仲間がスタンプなどで反応してくれます。互助会のようなもので、ゆるやかな相互監視体制をつくっています。

私は入会後、つい8日間ほどサボってしまい自動退出になりました（退出条件はチームによって異なる）。こんな簡単なことも続かないのかとショックを受けましたが、これが心を入れ替えるいいきっかけになり、次回は例えサボることがあっても自動退出にならないうちに復帰しようと決心。何事も忙しくて休むことはあるので、復帰ポイントをつくれると強いと思います。仲間の存在と自動退出というルールがゆるやかなプレッシャーとなり、今のところ運動習慣を続けられています。

わたしの防災

命を守る部屋づくりの話

自力で起き上がらせられない家具に大事なものをしまうと、倒れてきた時に持ち出せない。
取り出せない…
通路も塞ぐし…
家具は極力軽くしたい。

地震大国日本に住む上で防災は必修科目だと感じています。なのに実際どう備えればいいかわからず各個人が手探りで行っていますよね。友人と集まると定期的に「防災対策ってしてる？」という話が話題に上ります。

私は防災のエキスパートではありませんが、「命を守るものを持ち、命を脅かすものは持たないように」と考えて部屋作りすることは心がけています。東京都防災アプリによれば、地震負傷者の30〜50％は家具類の転倒・落下・移動が原因だそうです。下敷きにならないように家具を配置する、器具による家具の転倒・落下・移動防止対策を行い、緊急地震速報を聞いたとき、すぐに物を置いていない空間に避難することで、怪我のリスクを低くすることができるとのこと。そこで、極力倒れてくるもののない部屋づくりをしたいと考えるようになりました。

例えば貴重品を棚に収納していた場合、その棚自体が倒れた時に自力で持ち上げ

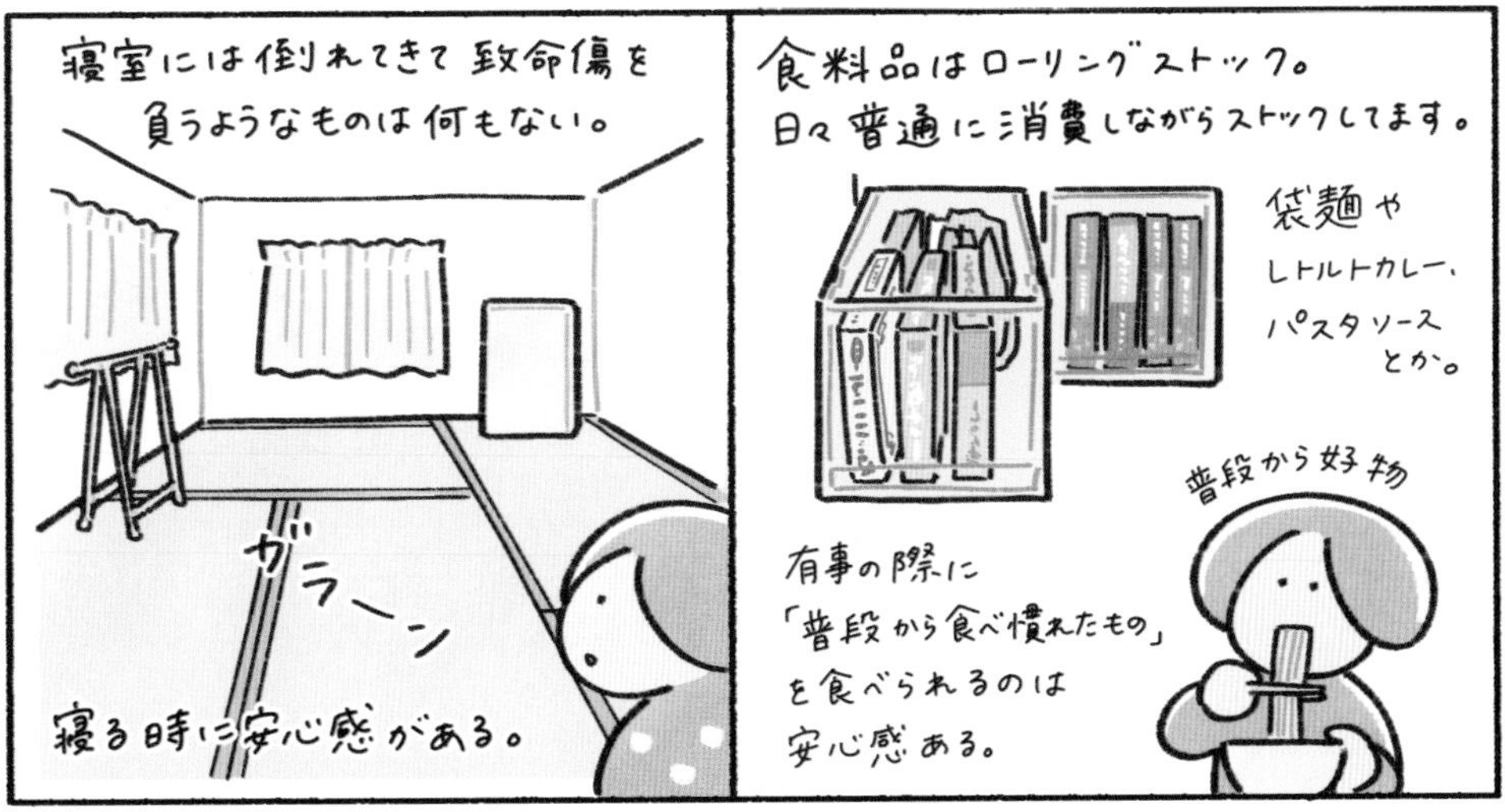
寝室には倒れてきて致命傷を負うようなものは何もない。
ガラーン
寝る時に安心感がある。
食料品はローリングストック。日々普通に消費しながらストックしてます。
袋麺やレトルトカレー、パスタソースとか。
普段から好物
有事の際に「普段から食べ慣れたもの」を食べられるのは安心感ある。

られないと中身を取り出せません。そういった場所に貴重品を入れるのはやめようと考え、今はプラケースにしまっています。地震の際に通路を塞がないように、部屋の表には最小限のものしか置かない、置くとしても自力でも戻せるものを置くように心がけています。

また、特に寝室の安全性は気にしています。一日の1／3は眠っているので、ここには倒れてきて危険なものを置かないようにしています。持ち物は極力押し入れにしまうようにして、何もない安全な部屋にするよう心がけています。加えて、防災リュックを持ち、食料品備蓄をしています。リュックには簡易トイレ、お風呂シート、乾パン、軍手、下着、生理用品等を準備しているものの、中身がこれで正解かわからないと感じています。

食料品備蓄については、コロナ以降ローリングストックするようになりました。使った分だけ買い足すので、消費期限を忘れて食材を無駄にすることがなくなります。また普段から食べているものなので調理方法もわかり、日常に近い食生活を送ることができるため安心感があります。防災リュックの中身は震災を経験された方の発信などから学び、今後もアップデートしていこうと思っています。

楽しみの時間をきちんと持つ

「頑張ろう」のモトになるものを

1日の中で楽しみな時間ってありますか？　私はここ数年はお風呂です。夏でもたいてい湯船にお湯を張って長風呂を楽しみます。長い時だと気付けば2時間くらい入ってしまうので、アラームをかけたりして1時間くらいで出るように気をつけています。

冷え性なので座っていると足先が寒くて、気づくと椅子の上で正座してしまっていたりして、たいてい体がこわばっているのですが、お風呂に入ると自分の望む温度に包まれるのでようやく足を伸ばせます。できればリビングでやることを全部お風呂で済ませたいくら

不思議と、音楽を流しながら
シャワーしてる時が一日の中で
一番アイデアが浮かぶんですが
ナゼ?! リラックスが大事なのか…？
湯船の温度が
快適すぎて
ここをリビングにしたい…
冷え症
だから…
家の中でここが
一番適温…

いろんな視点で
推しの魅力を
再発見できて
良い…
推しの円盤を
同時再生しながら、推し活友達と
通話するのが何よりの楽しみ。

い快適なのですが、さすがに足の指がふやけるので節制しています。防水のスマホを使っているので、音楽を流しながらゲームしたり読書したりして過ごしています。この時間が待っていると思うから頑張れます。楽しみな時間をきちんと持つことが勤労意欲を高めてくれるなと思います。しみじみと。

また、同じ推しを推す友人数名で通話を繋ぎながら、推しの円盤を同時再生してあれこれ感想を言い合うのが至福の時間です。自分一人では見落としていた小ネタに気付けたり、考察を話し合うことでその作品を何倍も楽しめます。音声のみの通話アプリなので顔を見せなくてもいいところが気楽で気に入っています。

最近は一番好きなことを朝一にもってくることで楽しく早起きするという「釣り餌作戦」もとってみています。朝7時半から30分ほど推しのスケッチをしたり、のんびり紅茶を飲んだりしています。以前は宵っ張りで早起きしたくてもなかなか習慣にできずにいましたが早起きすれば好きなことができると思うと、早めに布団に入るのも苦でなくなってきました。

お金は浪費せず投資

時間をかけて安心をつくっていく

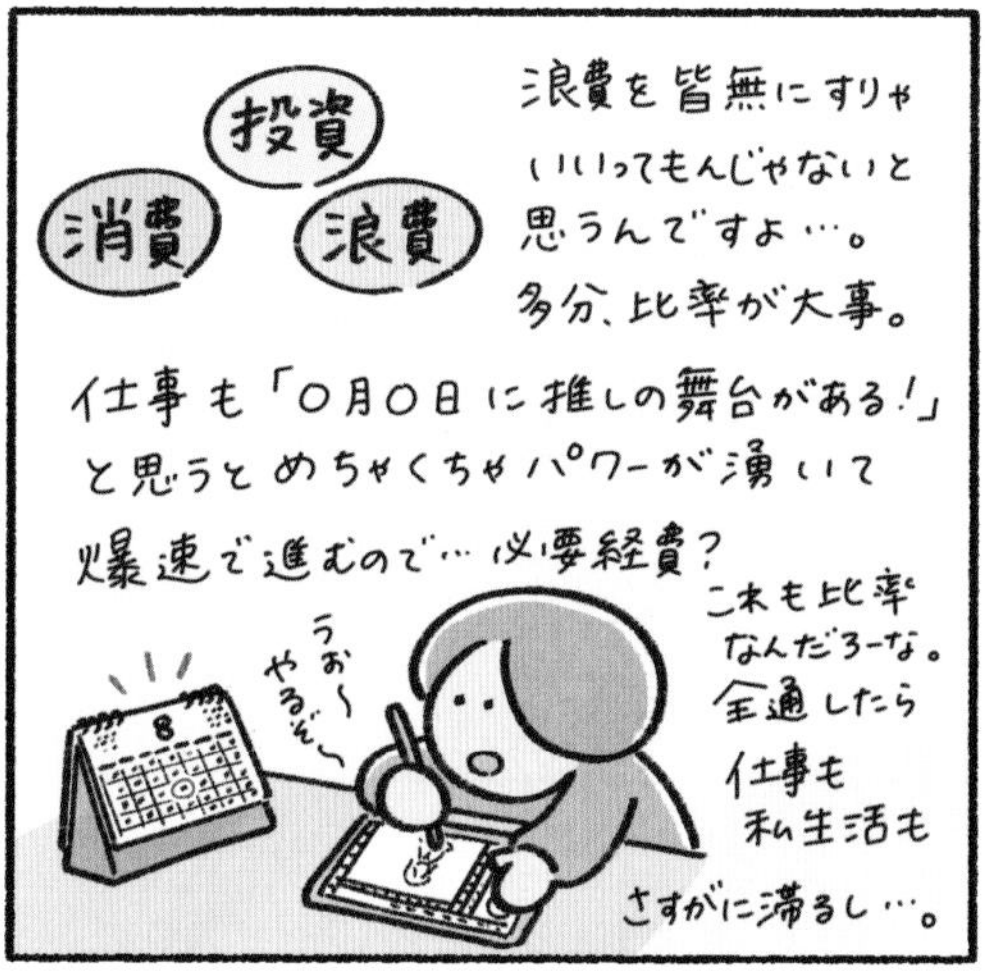
投資
消費
浪費
浪費を皆無にすりゃ
いいってもんじゃないと
思うんですよ…。
多分、比率が大事。
仕事も「○月○日に推しの舞台がある！」
と思うとめちゃくちゃパワーが湧いて
爆速で進むので…必要経費？
これも比率
なんだろーな。
全通したら
仕事も
私生活も
さすがに滞るし…。
うお〜
やるぞ〜

お金の使い方は、消費・浪費・投資に分けられると言われています。消費は生活に必要な食費などの支出。浪費はなくても困らないものへの支出。投資は将来につながる支出です。投資信託や資格の教材費なども投資にあたります。以前は浪費の割合がとても大きかったです。例えばボーナス前になると「次は何を買おう？」という意識でいました。ものがあればあるほど豊かだと考えていたので、お金が入ったら普段買えない価格帯のものを買おうという意識でおり、不要なものまで買っていました。

しかし、ものを減らすようになってからは、ものは増えれば増えるほどメンテナンスや掃除などが大変で居住費も高くなることに気づきました。また、ものを手放す大変さを味わったことで、お金が入ってきたからといって新しく何かを買おうという考えはなくなり、浪費が減りました。反対に「ボーナスは何かに投資しよう」と考えるようになり、投資信託やイデコを始めました。

また、浪費に分類されるものでも、心の健康に寄与するなら削りすぎる必要はないと考えています。例えば私は次の舞台の予定があると思えば日々を頑張れると感じているので、心の支えになっています。将来の自分にプラスになるようなものにお金を使えるといいな、と考えて出費のものさしにしています。削るべくは、お金だけ払って受け取るリターンの少ないもの。例えばこれは実体験ですが、数ヶ月お金だけ払って利用していないオンライン英会話の月額費は、本来は投資だったはずですが、利用できていないなら浪費です。あるいは受講時間を捻出するために、別のものに割いている時間を見直すなど、お金の使い方の実態を定期的にチェックする必要があります。

投資を始めてからお金の不安感は減りました。例えば私は２０１６年から5年間、３種類の銘柄で月合計１万５千円投資して利益確定しましたが、結果的に全体でプラス26％になりました。生活費を見直して徐々に投資額を増やしていきます。預金と投資を併用しながら、お金への不安を減らして安心をつくっていきたいです。

毎月いくら使ってるのか把握できれば
「我が家のミニマム生活費はこれくらい」
と分かって安心できるので
お金の不安をなくすには
家計簿をつけるべし。
「家計簿」ってアプリ使ってます。ド直球。
リマインダー
家計簿つける
22:00
繰り返し：毎日
毎日スマホでリマインダーかけてます。

やりたいこと100のすすめ

いつのまにかそれが叶っていた話

ここ6年ほど、年始に欠かさず続けていることがあります。それは「やりたいこと100のリスト」を書くことです。なぜこれを続けているかというと、書くとなぜか叶っていることが多いのです。

100個も書くのは大変だと思うかもしれませんが、10のジャンルに分けて、それぞれ10個ずつ書き出す形なら案外簡単です。例えば「片付け」というジャンルなら「1．押入れを整理する」「2．不要な冬服を売る」「3．手放すと決めた本を買い取りに出す」といった形です。そして半年に一回や一年に一回と決めて振り返り、叶ったものに線を引いていきます。ここに書いたリストは普段は覚えている必要はありません。全部は覚えていないものの、振り返ると「そういえば書いたことも忘れていたけれど叶っていた」というものが多いです。思うに、書き出すことでその事柄に対して情報収集のアンテナを立てることができるからだと思います。友人にすすめたところ、試しにリス

恐らく書くことで無意識下に残るんですよね。顕在意識で忘れてしまっても無意識に残る感じ。

キュピーン
あれは！

その事柄に対するアンテナが立つ感覚。これが立つと割と叶う。

手で書くと無意識に刻まれる感ある。

トを書いてみたら数ヶ月でかなりのものが叶ったそうで感謝されました。無意識でも効果があるので、意識する回数を増やせばより一層叶いやすくなるはず。絶対に叶えたい目標がある人は、度々見返すことで夢の進捗管理ができます。

また、絶対に叶えたいことは習慣に組み込んでしまうのもおすすめです。例えば私は長年、夜遅くに就寝する習慣がついており、早起きしたいと考えながらも続かず、毎年手帳に「早起きする」と書いていました。今年の年頭にクラブハウスで「早起きを習慣にする部屋」と銘打って、朝7時半から配信するということを始めました。それまでは目は覚ませても布団から出られずにスマホを触って数時間過ごしてしまうことも多かったのですが、決まった間に待ってくれている人がいると思うと、布団から出られるようになりました。今は毎日配信はしていませんがおかげで10ヶ月以上、早起きを続けられています。

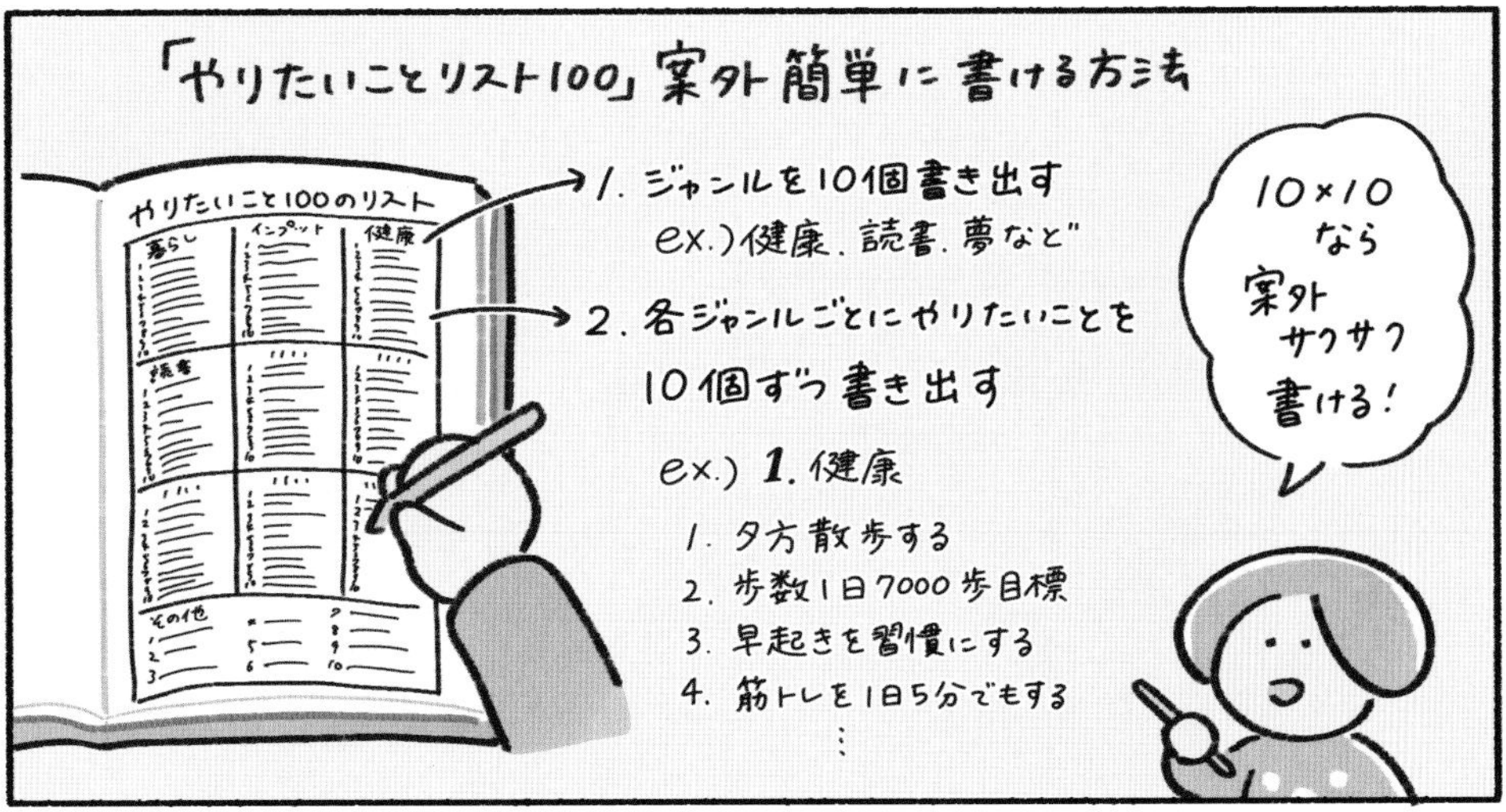

「やりたいことリスト100」案外簡単に書ける方法
やりたいこと100のリスト
暮らし
インプット
健康
読書
その他
1. ジャンルを10個書き出す
ex.）健康、読書、夢など
2. 各ジャンルごとにやりたいことを10個ずつ書き出す
ex.） 1. 健康
1. 夕方散歩する
2. 歩数1日7000歩目標
3. 早起きを習慣にする
4. 筋トレを1日5分でもする
10×10なら案外サクサク書ける！

7:30に起きられないとクラブハウスをすっぽかしてしまう…と思うと、どんなに眠くても布団から出られるようになりました。
30分も話すとシャキッと覚醒します。会話って眠気が飛ぶんですよね。
早起き約10ヶ月続いてます！

おわりに

これからも軽やかに

ちょっと片付けのやる気を出したい時、
季節の変わり目に衣替えをしなきゃなと思った時、
本を手に取って、開いたページを読んでみる。
この本が、暮らしの中でやる気スイッチを押せるような存在に
なれたらいいなと思って書きました。

何か少しでも、読んでくださった方の
暮らしを楽しくするお手伝いができたら嬉しいです。

ミニマリストという言葉を知って7年が経ちました。
小さな暮らしの恩恵が大きくて、すっかり定着しました。
制作中はコロナ禍に加え、
自分を取り巻く環境も大きく変わりましたが、
今後、ライフステージの変化で、
例えば住まいや家族構成が変わっても、
小さな暮らしが生み出す空間と自由な時間を生かして、

好きなものを愛しながら軽やかに生きていけたらいいなと思います。

最後に、この本づくりを導いてくださった大和書房の油利さん、
装丁とデザインを担ってくださった後藤さん、
関わってくださった全ての方、
そしてこの本をお手にとってくださった方へ、
心から感謝申し上げます。
ありがとうございました。

2021年12月
おふみ

おふみ 

イラストレーター。整理収納アドバイザー１級。汚部屋状態から一念発起、2014年から片付けを開始。
2015年からミニマルな生活を綴るブログをスタートし、人気に。著書に『ミニマリスト日和』（ワニブックス）、『バッグは、３つあればいい』（KADOKAWA）などがある。

ブログ　https://www.minimalistbiyori.com
インスタグラム　@ofumi_3

小《ちい》さな暮《く》らしは生《い》きやすい

2021年12月20日　第１刷発行
2022年５月５日　第３刷発行

著者　おふみ
発行者　佐藤　靖
発行所　大和《だいわ》書房
東京都文京区関口1-33-4
03-3203-4511

ブックデザイン　後藤美奈子
校正　円水社
本文印刷　光邦
カバー印刷　歩プロセス
製本　小泉製本

ISBN978-4-479-78547-7

https://www.daiwashobo.co.jp

参考書籍　『整理収納アドバイザー公式テキスト 一番わかりやすい整理入門【第３版】』（澤一良著、ハウスキーピング協会監修／ハウジングエージェンシー刊）